U0448289

After Theory
理论之后

[英]特里·伊格尔顿 著
商正 译
欣展 校

Terry Eagleton
After Theory

Copyright © 2003 by Terry Eagleton. Chinese (Simplified Characters) Trade paperback copyright © 2009 by The Commercial Press.
First published in Great Britain in the English language by Penguin Books Ltd.
由企鹅图书公司授权出版。Penguin（企鹅）和企鹅标识是企鹅图书公司的商标。

所有未贴有企鹅标签的版本是未经授权的非法版本

本书根据企鹅图书公司 2003 年版译出

纪念我的母亲

罗莎琳·赖利

(1913—2002)

目 录

前言 … 1

第一章　遗忘的政治 … 3
第二章　理论的兴衰 … 30
第三章　通往后现代主义之路 … 52
第四章　失与得 … 93
第五章　真理、德性和客观性 … 129
第六章　道德 … 175
第七章　革命、基础和基要主义者 … 217
第八章　死亡、邪恶和非存在 … 260

索引 … 279
译后记 … 285

前 言

此书主要为对文化理论现状感兴趣的学生和一般读者而作，但我希望对这一领域的专家们也会有用，其重要原因是它驳斥了我所认为现今正统的文化理论。我认为：正统的文化理论没有致力于解决那些足够敏锐的问题，以适应我们政治局势的要求。我将努力阐述其原因并提出补救的措施。

非常感谢彼得·迪尤斯（Peter Dews）对部分手稿提出的那些令人深受启发的评论。已故的赫伯特·麦凯布（Herbert McCabe）对我论证的影响随处可见，要想限定这种影响的范围是不可能的。

特里·伊格尔顿
都柏林

第一章　遗忘的政治

文化理论的黄金时期早已消失。雅克·拉康、列维-施特劳斯、阿尔都塞、巴特、福柯的开创性著作远离我们有了几十年。R.威廉斯、L.依利格瑞、皮埃尔·布迪厄、朱丽娅·克莉斯蒂娃、雅克·德里达、H.西克苏、F.杰姆逊、E.赛义德早期的开创性著作也成明日黄花。从那时起可与那些开山鼻祖的雄心大志和新颖独创相颉颃的著作寥寥无几。他们有些人已经倒下。命运使得罗兰·巴特丧生于巴黎的洗衣货车之下，让米歇尔·福柯感染了艾滋，命运召回了拉康、威廉斯、布尔迪厄，并把路易·阿尔都塞因谋杀妻子打发进了精神病院。看来，上帝并非结构主义者。

这些思想家的许多观点具有无与伦比的价值。他们中的一些人还在撰写意义重大的著作。如果这本书的书名表明"理论"已经终结，我们可以坦然回到前理论的天真时代，本书的读者将感到失望。曾几何时宣布济慈使人愉快或密尔顿精神勇猛就已足够了，但这样的年代已一去不返。这并不是说整个研究计划是个可怕的错误，某个慈悲的灵魂已经吹响警哨，以便我们全部回到费迪南德·索绪尔出世以前我们所处的局面。如果理论意味着对我们指导性假设进行一番顺理成章的思索，那么它还是一如既往地不可或缺。不过我们正生活在所谓高雅理论的影响下，生活在一个因阿尔都塞、巴特和德里达这些思想家的洞察力而变得更为丰富、进而也在某种程度上超越了他们的年代。

这些开创性人物之后的那一代，完成了后人常做之事，他们发展、增加、评论并运用这些原创的观点。那些有能之辈，构想出女权主义、结构主义，那些无能之辈，则将这些深刻见解运用于《白鲸记》或《帽中猫》*，但是新的一代未能拿出可与前辈们比肩的观点。老一代早已证明要追随他们并非易事。毫无疑问，新世纪终将会诞生出自己的一批精神领袖。然而眼下，我们还在利用历史，而且还处在自福柯和拉康坐到打字机前以来发生了剧变的世界。新的时代要求有什么样的新思维呢？

在回答此问题前，我们得评估我们的处境。结构主义、

---

* The Cat in the Hat，非常流行的儿童文学丛书。——译注

第一章 遗忘的政治

马克思主义、后结构主义以及类似的种种主义已经风光不再。相反,吸引人的是性。在一批略显狂野的学者身上,对法国哲学的兴趣已经让位于对法式接吻的迷恋。在某些文化圈里手淫的政治远远要比中东政治来得更令人着迷。社会主义已彻底输给了施虐受虐狂。在研读文化的学生中,人体是非常时髦的话题,不过通常是色情肉体,而不是饥饿的身体。对交欢的人体兴趣盎然,对劳作的身体兴趣索然。讲话轻声细语的中产阶级家庭出身的学生们在图书馆里扎成一堆,勤奋地研究着像吸血鬼迷信、挖眼睛、电子人,淫秽电影这样耸人听闻的题目。

没什么事能比这更容易理解了。研究乳胶文学*和在肚脐上挂饰件**的政治涵义就是按照字面意义来解释古老的智慧格言:研究应该是快乐的。这很像撰写你那篇比较麦芽威士忌酒口味的硕士论文或者对整天躺在床上的现象进行描述和分类的硕士论文。它开创了从高等智力到日常生活之间浑然一体的连贯。能一面看电视,一面撰写博士论文,自然是好事。过去,摇滚乐使你学习分心,现在它很

---
* 乳胶为制造避孕套的原料,意为色情文学。——译注
** 美国青少年在肚脐上挂饰件显示流行时尚,意指流行文化现象。——译注

可能是你研究的对象。学问不再是象牙塔之事,却属于传媒世界、购物中心、香闺密室和秦楼楚馆。这样,它们回归到日常生活——只是有可能失去批评生活的能力。

今天,研究密尔顿作品中典故的老学究们对沉浸于乱伦和电脑化女权运动的少壮激进分子大不以为然,青年才俊们则书写着对恋脚癖的感想或15—16世纪男子紧身裤下体盖片的历史,他们满腹狐疑地打量着竟敢声称简·奥斯丁比杰弗里·阿切尔更伟大的瘦骨嶙峋的老学者。一种充满激情的正统观念让位于另一种正统观念。以前,尽管你因没能看出罗伯特·赫里克诗中的转喻而被轰出学生酒吧,今天你却会因听说过转喻或赫里克被认为愚不可及。

对性欲不屑一顾特别令人啼笑皆非,因为文化理论所取得的杰出成就之一就是性别和性欲不仅是个具有紧迫政治意义的话题,也是研究的合法对象。几个世纪以来,知识分子的生活是根据人类没有生殖器官这一不言而喻的假定而进行的,这真有意思。(知识分子也表现得似乎男男女女都没有胃。就如哲学家埃马纽埃尔·列维纳斯评论马丁·海德格尔相当高尚的观念Dasein,"Dasein不食人间烟火"。Dasein其意为专属于人类的那种生存方式。)弗里德里希·尼采曾经说,每当有人粗俗地说起人的肚皮有两种需求,脑袋有一

第一章 遗忘的政治

种需求时，热爱知识的人就应该仔细倾听。在具有历史意义的进展中，性欲作为人类文化基石之一在学术生活中已得以确立。我们终于承认人类的生存与真理、理性有关，但至少也与幻想、欲望有涉。只不过，文化理论现今的表现就像一位独身的中年教授，不经意之间与性邂逅，正在狂热地弥补已逝的青春韶华。

文化理论的另一历史性进展就是确立大众文化值得研究。除去一些有名的例子外，传统学术界几个世纪以来一直对芸芸众生的日常生活视而不见。确实，它曾经置之不理的不是日常生活，而是生活本身。不久前，在某些传统派的大学里，你不能研究那些还健在的作家，这简直是教唆你在一个雾蒙蒙的夜晚，将利刃刺入他们的两肋之间。如果你所选定的小说家十分健壮，还只有 34 岁，这将是对耐心的非凡考验。你当然不能研究每天都熟视无睹的东西。根据定义，那不值得研究。被认为适合文科研究的大多数项目，并不是像指甲屑或杰克·尼科尔森[*]那样看得见的，而是像司汤达，主权概念或是莱布尼茨的单子论的柔美、优雅，是无形的。今天，大家普遍公认，日常生活就像瓦格纳的歌剧，错综复

---

[*] Jack Nicholson，美国著名电影演员。——译注

杂、深不可测、晦涩难懂，偶尔也会单调乏味，因此显而易见值得探索。过去，看什么值得研究，通常是看研究对象是否微不足道，是否单调，是否难以理解。今天，在一些圈子里，研究对象不过是你和朋友晚上所做之事。学子们过去写评论福楼拜的文章是不置臧否，毕恭毕敬。不过，一切都变了样。现在学生们对美国长篇电视连续剧《老友记》（Friends）写的评论也是不置褒贬，毕恭毕敬。

即使这样，性欲和大众文化作为合适的研究题材，已经了结了一个强大的神话。它有助于摧毁清教徒教义：严肃是一回事，乐趣是另一回事。清教徒将乐趣解为轻浮，因为他误认严肃为一本正经。乐趣不属于知识领域，因此危险而无序。根据这一观点，研究乐趣就像对香槟进行化学分析，而不是饮用这美酒。清教徒不明白乐趣和严肃在下面的意义上相连：为更多的人找到更多的生活乐趣是件严肃的事。在传统上，它通常被称为道德说教，不过，称之为"政治"演讲也未尝不可。

然而，乐趣，一个当代文化的玄妙术语，也有其局限。发现如何才能使生活更有乐趣，并不总是使人愉快。像所有的科学探索一样，它需要耐心，自我约束，无穷无尽的忍耐厌烦的能力。无论如何，把乐趣当作最高实在的享乐主义者，

第一章 遗忘的政治

往往是大声喧嚷反抗的清教徒。两者通常都"性"迷心窍。两者都把真理等同于认真。老派清教徒资本主义禁止我们享受，因为一旦我们养成了享乐的品味，我们可能再也不会进入工厂工作。西格蒙德·弗洛伊德认为，要不是有了他所谓的现实原则，我们就会整天躺在家里，虽然感到有点丢人，但仍干着销魂的勾当*。然而，更狡诈的、消费型的资本主义，说服我们沉湎声色、寡廉鲜耻，那样我们将不仅消费更多的商品，也将把我们的自我实现等同于这种制度的生存。任何一个不曾纵情女色欲仙欲死之人，都会有一个称作超我的可怕恶棍夜来造访，它对这种清心寡欲的惩罚就是让他忍受痛彻心扉的内疚。不过这恶棍也因我们享乐而折磨我们。我们还不如奖罚齐收，无论如何都要开心一乐。

因此，乐趣并非天生就有腐败性。相反，正如马克思所认识到的，乐趣是不折不扣的贵族信条。传统的英国绅士厌恶令人苦恼的劳作，竟不愿正确地发音，因而有了贵族式含糊的发音和拖腔。亚里士多德相信，做人，如同学加泰罗尼亚语或吹风笛，得通过不断训练方可达到完美，而如果英国绅士品行高尚（这他偶尔会屈尊地表现一下），他的善行就

---

* 原文为 in various mild scandalous states of *jouissance* 意为手淫。——译注

纯粹地发自内心。道德努力是商人和职员分内之事。

当世界上有一半人缺乏足够的卫生设施，每天依靠不到 2 美元来生活时，并非所有研习文化的学生都会无视那种花大量时间精力来研究阴毛史的西方式自我陶醉（Western narcissism）。确实，今天文化研究最火爆部分就是所谓的后殖民研究，此类研究的对象就是这种悲惨的状况。就像围绕性别与性欲而展开的讨论，它已经成了今日文化最宝贵的成果之一。然而这些新思想深受新生代的欢迎，这代人记不住多少震撼世界的大事，尽管责任不在他们。在所谓的反恐战争打响之前，在年轻的欧洲人看来，要对他们的孙辈讲述的最重大的事件不过是欧元的降临了。在 20 世纪 70 年代后期保守主义占上风的沉闷的几十年中，历史感不断地减弱，因为如果我们不能想出别的办法去改变现状，那就正中当权者的下怀。未来只不过是现今无穷的重复，——或者，如同后现代主义者所说"现今加上更多的选择"。现在，有那么一些人，虔诚地坚持"保持历史的真实性"，看来他们相信，1980 年以前发生的任何事情，都是古代史。

可以肯定，生活在令人关注的年代并非纯粹的幸事，能够回想起犹太人大屠杀或是经历越战也不是特别的慰藉，天真和遗忘有它们的好处。某个时候，在海德公园，每个周末

第一章 遗忘的政治

你都有可能被警察打得头破血流,悼念这样的乐而忘忧的日子绝无意义。回忆一部震撼世界的政治史,至少对左派来说,在很大程度上是回忆一部失败史。不管怎么说,一个新的吉凶未卜的世界历史阶段已经开启,甚至最与世隔绝的学究们也无法漠视它。即使这样,最具破坏作用的,至少是在抵抗资本主义运动出现之前,就是集体有效的政治行动记忆的缺失。正是这一点,歪曲了众多的当代文化观点,使它们走了样。在我们思想的中心,有一个历史旋涡,它把我们的思想拽偏了。

尽管我们所了解的世界的大部分有着坚实、装饰精美的外表,但它出生的年代并不久远。第二次世界大战以后,革命的民族主义巨浪席卷全球,一个个国家从西方殖民主义的统治下独立。这个年轻的世界就这样匆匆建立起来。盟军在二战中的奋斗本身就是规模空前的成功合作的行为,这种合作行为在欧洲中心摧毁了罪恶的法西斯,因而也奠定了我们所认识的今天这个世界的某些基础。我们周围的国际社会的大部分是近期通过集体革命事业才形成的,这些事业通常由饥弱者所发动,却成功地将掠夺成性的外国统治者逐出。确实,这些革命摧垮的西方帝国本身大部分是革命的产物,只不过它们是最成功的革命,是我们已经忘怀曾经发生过的革命，通常意味着他们是诞生了我们这一辈的革命。他人的革命总是比我们自己的革命更引人注目。

但是闹革命是一回事，继续革命是另一回事。确实，对于大多数20世纪的最杰出的革命领袖而言，首先引发革命的原因也导致他们最终的垮台。弗拉基米尔·列宁认为正是沙皇俄国的落后才使得布尔什维克革命成为可能。俄国这个国家缺乏那种能确保公民对国家忠诚因而有助于防止政治动乱的公众社会机构，它中央集权而非权力分散，强力治国而无视多数人的意见，它的权力集中在国家机器上，因而推翻那个政权就是一举夺取统治权，但一旦革命成功，这同样的贫穷与落后毁灭了这场革命。经济落后，强敌围困，民智未开，民众无特殊技能，没有社会组织和民主自治政府的传统，在这样的条件下是不可能建设社会主义的。这种尝试需要斯大林主义的铁腕手段，结果颠覆了它正在试图建设的社会主义。

类似的命运折磨着20世纪成功挣脱了西方殖民统治的那些国家。社会主义在最需要它的地方却最无法实现，这既是悲剧又是嘲讽。确实，后殖民理论首先发轫于第三世界国家独立自主失败之后，它标志着第三世界革命纪元的终结，以及我们现在所知的全球化的晨曦。在20世纪五六十年代，

第一章　遗忘的政治

一系列的解放运动，在有民族主义意识的中产阶级领导下，以政治主权和经济独立的名义抛弃了他们的殖民主义统治者。第三世界的精英们将穷苦百姓的需求引导到这些目标上，利用民怨建立自己的政权。一旦大权在握，他们就需在来自底层的激进压力和外部全球市场力量之间进行笨拙的平衡。

马克思主义——绝对的国际主义潮流，支持了这些运动，尊重它们对政府自治的要求，认为它们是对世界资本主义的重大打击。但许多马克思主义者对倡导这些民族主义潮流的雄心勃勃的中产阶级精英几乎不抱幻想。不像更加多愁善感的种种后殖民主义，大多数马克思主义者并不认为"第三世界"就是好，而"第一世界"就是坏。相反，他们坚持对繁多的殖民主义和后殖民主义政治本身进行阶级分析。

孤立无援，贫困不堪，缺乏民政、自由和民主的传统，一些这样的政权不知不觉地走上了斯大林主义的道路，使得自己形单影只。另一些不得不承认他们无法独立自主，——政治主权未能带来真正的经济自治，而且在西方统治世界时，永远无法取得经济自治。随着世界资本主义危机从20世纪70年代初以来不断加深，随着一些第三世界国家在滞胀和腐败中越陷越深，艰难时世中的西方资本主义那咄咄逼人的重建终于终结了民族—革命独立的幻想。"第三世界主义"因而也让位于"后殖民主义"。1978年爱德华·赛义德出版的皇皇大著《东方学》,标志着知识分子在措辞方面的这种转折,尽管作者对随之而来的大部分后殖民主义理论抱有可以理解的保留。这本书正是在全球左派时运发生逆转之际问世的。

鉴于民族革命在所谓的第三世界部分失败了,后殖民理论对所有民族性的谈论都小心翼翼。有些不是太年轻就是太愚钝的理论家,记不起民族主义在当时就是一支效力惊人的反殖民力量,发现民族主义只不过是愚昧无知的沙文主义或是种族至上主义。相反,许多后殖民思想深入讨论了世界主义的方方面面,因为在这个世界里后殖民国家正被无情地吸入到全球资本的轨迹中。在这一进程中,后殖民理论反映了真正的现实。但是因为摒弃了民族性的观点,它也倾向于抛弃阶级的观念,后者曾与民族革命结下不解之缘。大多数新理论家不仅仅是"后"殖民主义,而且还是原先使新国家诞生的"后"革命动力。如果那些民族国家部分失败了,无法与富裕的资本主义世界友好相处,那么超越民族似乎也意味着超越阶级——而这正发生在资本主义比以往更强大,更具有掠夺性之时。

第一章　遗忘的政治

确实，从某种意义上来说，革命的民族主义者自己确曾超越了阶级。他们唤起全国民众，调和阶级利益的冲突，促成虚假的团结。中产阶级从民族独立中所得利益比处境困难的工人农民要多，后者只不过发现自己面临的不再是外国剥削者，而是本国剥削者而已。即使这样，此种联合也不是完全假冒的。如果民族的观念可以代替阶级冲突，这种观念同样决定了阶级冲突的形式。如果民族观培育出一些危险的幻觉，它也有助于彻底改变这个世界。革命的民族主义确实是20世纪最为成功的激进潮流。从某种意义上来说，第三世界的不同群体和阶层确实面对一个共同的西方对手。民族早就是与这个对手进行阶级斗争所呈现的主要形式。民族，毫无疑问，是个狭隘、扭曲的形式，最终将证明为是不恰当的形式。《共产党宣言》认为，阶级斗争首先采用民族斗争的形式，但在内容上大大超越了这种形式。正因如此，民族是团结不同社会阶层——农民、学人、知识分子——与阻挡他们独立的殖民势力进行斗争的方法。而且，至少是在开始之时，它还有一个有利于它的强大论据：成功。

对比之下，有些新理论，认为自己将注意力从阶级转移到了殖民主义上——似乎殖民主义和后殖民主义本身是与阶级无关的问题。从欧洲中心论来看，这些新理论认为阶级冲突只发生于西方，或者仅以民族的观点来考虑阶级斗争。相比之下，对社会主义者而言，反抗殖民的斗争，也是阶级斗争，它代表着对国际资本力量的打击，而国际资本力量则以持久的武力迅速对这种挑战做出反应。这是一场西方资本和世界上劳苦工人间的战斗。但因为这种阶级冲突是用民族措辞表达，因而为后期的后殖民论著中阶级观念的不断萎缩铺平道路。这表达了这样一种观点：我们将在以后看到，20世纪中叶激进思想的高点也是他们下行曲线的起始点。

许多后殖民主义理论的中心从阶级和民族转到了种族。这其中意味着，后殖民文化的特殊问题老是错误地被归类于与其大相径庭的西方"身份政治"的问题。因为种族主要的是文化事务，注意力也就从政治挪到了文化。在某些方面，这两点反映了世界真正的变化，但它将后殖民主义非政治化并夸大文化在其中的作用，这样做与西方本身新的后革命气候非常协调。"政治解放"（liberation）不再流行，到了20世纪70年代末期，"思想解放"（emancipation）听起来古怪背时。看来，西方左派在国内碰壁之后，在国外寻找跳顿足爵士舞的地盘。* 然而，在国外旅行时，它行囊里装的却是西方

---

* 原文 stomping ground 意思是自己喜欢去的地方。——译注

第一章 遗忘的政治

蓬勃兴起的对文化的迷恋。

即使这样，第三世界革命也以自己的方式证实了集体行动的力量，西方劳工运动的战斗行为也是异曲同工。20世纪70年代西方工人运动在推翻英国政府时推波助澜。20世纪60年代末70年代初，和平运动和学生运动在结束越南战争中发挥了核心作用。然而，近来大多数的文化理论对所有这些鲜有追忆。从文化理论的观点看来，集体行为意味着对弱小国家发动战争，而不是仁慈地结束此类冒险。在一个经历了各种各样残忍的专制政权兴亡的世界之后，集体生活的整个观念看来似乎是声名狼藉。

对于某种后现代主义思想来说，意见一致就是专横残暴，团结只不过是死气沉沉的一统局面。① 但是尽管开明人士用个体去反对这种一致性，后现代主义者——其中有些人对个体的真实性都提出质疑——相反却以边缘和少数派与它抗衡。作为整体，正是被社会不屑一顾的人——边缘人、疯子、离经叛道者、性变态者、宗教道德的罪人——却在政

---

① "后现代主义"，我认为，粗率地说，意味着拒绝接受下列观点的当代思想运动：整体、普遍价值观念、宏大的历史叙述、人类生存的坚实基础以及客观知识的可能性。它怀疑真理、一致性和进步，反对他所认为的文化精英主义，倾向于文化相对主义，赞扬多元化、不连续性以及异质性。

治上有发展的可能。主流社会生活没什么价值。具有讽刺意义的是，后现代主义者认为，这种精英主义，大一统集权观点，正是他们保守的对手身上最为厌恶之处。

在恢复受到正统文化排挤的边缘文化的地位方面，文化研究做了至关重要的工作。身处边缘是无法言语的痛苦。出一把力，创造出一个地方，能让被抛弃的和受藐视的人敢于说话，对研究文化的学者来说，没有什么任务比此更为荣耀。不能再随心所欲地声称原始种族艺术无非就是敲击石油桶或拼凑尸骨。女性主义不仅仅改变了文化场景，而且，我们后面将看到，已成为我们时代道德的唯一典范。同时，那些不幸的、一息尚存的白种男子，打个比方，已被倒挂在路灯柱上，不义之财从他们的口袋中哗哗流出，用于资助社区艺术项目。

"规范"在这里受到了攻击。这一观点认为，大多数的社会生活由规范和（行为）准则组成，因此，天生就使人感到压抑。只有边缘人、疯子、生性执拗者，才能逃脱这种郁闷的管束。规范使人压抑，因为它们把个性迥异的个人塑造成千人一面。正如诗人威廉·布莱克所写："对狮、牛都适用的一条法则，就是压迫。"开明派认为，如果每个人都被赋予同样的生活机会来实现他们各自不同的个性，这种规范过程

第一章 遗忘的政治

就是必须的。简言之，规范化导致的结果恰恰破坏了规范化，而自由论者却对这种扼杀个性心有不甘。在这一点上，他们出人意表地和保守派相近。像奥斯卡·王尔德那样的乐观自由论者，梦想看到将来的社会里人人都能自由地成为盖世无双的个体。对他们而言，根本就不存在比较和衡量个人的问题，如同你无法比较嫉妒的概念和鹦鹉。

对比之下，悲观或谦卑的自由论者，如雅克·德里达、米歇尔·福柯认为，我们一开口，就逃避不了规范。Ketch这个字，读者们都知道，是双桅纵向索具船、其后桅纵帆竖立于舵前，且小于前桅。这个字的意思是够明确的，但它还得延伸开来，包含这类船林林总总的各有其特点的独特的船只。语言消除了事物间的差别，语言是完全彻底的规范。说"叶子"就暗含两片完全不同的植物性的东西是一模一样的意思。说"这儿"使得各种各样差异纷呈的地方趋于同一。

像福柯和德里达这种的思想家，对这种等义大为不满，即使他们认为这些等义词不可避免。他们想要有一个完全由差异打造的世界。他们确实也像他们的导师尼采那样认为，世界确实是由差异构成的，但我们为了得过且过需要制造同一性。确实，在一个纯粹由差异组成的世界里，没有人能说清楚任何事情——不可能有诗歌、路标、情书、日志记录， 15

也不会有这样的表述，即任何一件事物都与他物绝不类同。不过这就是代价，人为了不受制于别人的行为而不得不付的代价，就像多付一点钱就可以买到一张头等的火车票。

然而，认为规范总是碍手碍脚是个错误。事实上这种认识完全是浪漫主义错觉。在我们的社会里，**规范就是要求人们不声嘶力竭地攻击完全陌生的人，截去他们的腿脚**。谋杀儿童的罪犯要受到惩罚，男女工人们可以罢工，**救护车违章超速驶向交通事故地点，不能因为好玩而去阻挡**，这些都是惯例，对此感到压抑的任何人肯定是过度敏感。只有过分沉溺于抽象的知识分子才会愚笨得去想象：任何歪曲规范的东西都是政治上的激进。

那些认为规范性（normativity）总是呈负面影响的人也很可能认为权威不可信。这一点上，**他们和激进分子不同**，激进分子敬重那些长期反对非正义的斗士的权威，敬重长期捍卫人们身体健全或是工作条件的法律的权威。同样，当代的一些文化思想家看来相信，少数派总是比多数派更生气勃勃。在因巴斯克分裂主义而毁容的受害者中，这并不是最受欢迎的信仰。某些法西斯团体以及不明飞行物爱好者，星期六基督复临派成员却会因听到了这句话而感到荣幸。正是多数派，而不是少数派，使在印度的帝国政权不知所措，并推

第一章 遗忘的政治

翻了种族隔离。那些反对此类规范、权威和多数人的人，是抽象的基督教普救论者，尽管其中大多数人也反对抽象的基督教普救论。

后现代主义对规范、整体和共识的偏见是一场政治大灾难，其愚蠢也确是惊人。但它并不仅仅源于寥寥无几的应该牢记的政治团结实例。它也反映了现实的社会变化。它是守旧的资产阶级社会明显分崩离析进入种种亚文化的一个结果。我们时代的一个历史性进展就是传统中产阶级的没落。佩里·安德森认为，在第二次世界大战中残存下来的，坚实、文明、道德诚实的资产阶级在我们的这个时代，已让位于"明星王妃、奸诈总统、为收租金而出租官邸、为扬名而大肆贿赂、礼仪虚华浅薄*，行事寡廉鲜耻。"** 这个"坚实的（资产阶级的）圆形露天剧场"，安德森的蔑视绘声绘色，"已被养鱼缸取代，里面尽是漂浮着的、转瞬即逝的形体"——规划人、经营者、核查者、监护人、当代资金的管理人员和投机者：金钱世界的种种功能，那个不知道存在着社会永恒物

16

---

* 原文为 disneyfication of protocols，意为迪斯尼化，其含义为宣传美国价值观，但没有深度，一味讨好大众。——译注

** 原文为 tarantinization of practices，昆汀·塔伦蒂诺导演了电影 Pulp Fiction，影片揭露了人性的丑恶。Tarantinization 可能就由此而来。——译注

和稳定身份的金钱世界。[①] 正是这种稳定身份的缺乏,对今天某种文化理论而言,成了激进主义最时髦的的词汇。身份的不稳定性具有颠覆力量——一再被社会抛弃和漠视的人中充分考验此项主张是十分有趣的。

那么,在这个社会制度里,你就不再有反抗世俗陈规、放荡不羁的叛乱者或革命先锋派,因为不再有任何东西可以破坏。他们那些戴顶大礼帽,穿着男礼服大衣,动辄被激怒的敌人已经烟消云散。相反,非规范已成了规范。今天,能适应一切的并不是无政府主义者,而是崭露头角的女明星、报纸编辑、股票经纪人和公司经理们。现在的规范就是钱,不过因为钱绝对没有自己的原则和身份,它也就根本不是哪一种规范。它水性杨花,谁出高价就跟谁走。钱能适应最古怪或最极端的局势,就像女王一样,对任何事情都没有自己的观点。

那么看来,我们似乎已从古老中产阶级的清高与虚伪转向了新中产阶级的低级庸俗、厚颜无耻。我们已从只有一套规则的民族文化转到了林林总总的亚文化,各不相同的亚文化。这当然是夸张,过去的政权绝不是那样的铁板一块,新

[①] 佩里·安德森,《现代性的起源》,伦敦,1998年,第85、86页。

第一章 遗忘的政治

政权也不是如此的支离破碎。新政权里还有些强有力的集体规范在起作用，不过总的来说，我们新的精英统治者越来越多是由可卡因吸食者，而不是那些看起来像赫伯特·阿斯奎特*和马塞尔·普鲁斯特**那样的人组成，此话不虚。

我们所知的现代主义文化实验的方向，在这一点上很幸运。兰波***、毕加索、布莱希特还能对古典的资产阶级粗野无礼。但它的后代，后现代主义，就没了粗野的对象。只不过，它似乎还没注意到这个事实，也许是因为太尴尬而不敢承认。后现代主义的表现，有时候让人以为古典资产阶级还健在，因此发现自己还生活在过去。它花了许多时间攻击绝对真理、客观性、永恒的道德价值观、科学探索以及对历史进步的信仰。它对个人的意志自由、不容更改的社会规范和性规范以及这个世界有坚实基础这一信仰提出质疑。因为所有这些价值观都属于正在衰败的资产阶级世界，这就很像匆匆忙忙地给报社写信，怒气冲天地批评骑马纵横的匈奴人或是已占领了伦敦周围各郡正在抢掠的迦太基人。

---

* 1852—1928，英国自由党内阁首相（1908—1916）。——译注
** 1871—1922，法国作家，著有《追忆逝水年华》。——译注
*** 1854—1891，法国诗人。——译注

这并不是说这些信念不再有力量。在像乌尔斯特*和犹他州的地方它们正春风得意。但华尔街没有人，舰队街也很少有人信仰绝对真理和无可指责的基础。许多科学家对科学相当疑惑，认为科学不像容易上当的外行想象的那样，它更多的是凭经验，并不牢靠。正是从事人文科学的那些人还天真地以为，科学家自以为是绝对真理的白衣监护人，因此花了大量时间想要诋毁科学家。人文主义者对科学家一贯嗤之以鼻。只不过他们过去因势利而轻视科学家，现在又因疑惑而蔑视他们。在理论上相信绝对道德价值的人中只有极少数会将理论付诸实践。他们主要是那些著名的政客和企业经理。相反，有些应该相信绝对价值的人却像道德哲学家和装模作样的教士们那样，将此类信仰摒之脑后。尽管有些生来就乐天的美国人依然相信进步。大批天生悲观的欧洲人却不是如此。

不过从视野中消逝的并不仅仅只是传统的中产阶级，还有传统的工人阶级。既然工人阶级代表着政治团结，我们有一种怀疑一切的激进主义，这就不足为奇。后现代主义不相信个人主义，因为它不相信个人，不过它也不太信赖工人阶

---

* 爱尔兰岛北部。——译注

第一章 遗忘的政治

级。相反，它信任多元主义，——信任一种囊括一切种类纷呈的社会体系。作为激进的案例，这个社会体系的问题在于，这个体系里没有多少东西查尔斯亲王会不同意。资本主义为了自己的目的，确实经常创造樊篱和壁垒，或者，它就利用原有的樊篱和壁垒。而这些壁垒会深深地伤害许多人。男女民众都饱受二流公民的痛苦和屈辱。然而，资本主义在原则上就是无可挑剔的囊括一切的信念。它真的不在乎剥削谁，对其急于要征服的对象一视同仁，令人钦佩。它愿意与任何过去的受害者往来厮混，哪怕是味同嚼蜡。它至少在大部分时间里，渴望与尽可能多的不同种文化交往，以便向它们推销自己的商品。

依据古代诗人恢宏的人文精神，这个体系认为任何的脉脉温情都是与其格格不入的。为追求利润，它不怕万水千山，忍受千辛万苦，与最可恶的同伴厮混，经历奇耻大辱，忍耐最庸俗的墙纸，问心无愧地出卖它最亲的亲属。是资本主义，而非大学教授，才堪称公正无私。就消费者而言，对缠着头巾或不缠头巾的消费者，那些惹人注目地穿着奢华猩红色西装马甲的消费者以及只围着蔽体腰布的消费者，它的不偏不倚，令人崇敬。像寻衅好斗的青少年，它蔑视制度等级，像美国食客，它热情地挑选菜肴，进行社交。它因冲破界限，屠杀神牛而兴旺发达。其欲望无法满足,其疆界无边无沿。其法律藐视所有的限制,从而使得法律与犯罪难以区别。它野心勃勃,肆无忌惮,横行不法。相比之下,最粗野的无法无天的批评者也只显得端庄与古板而已。

与囊括一切这一观念有关的,还有大家都熟悉的其它问题,这耽搁不了我们多久。谁决定哪些人被囊括在内?哪些人——格鲁修·马克斯*的疑问——无论如何都想置身于这个体制之间?如果边缘性像后现代思想家常常建议的那样,是个丰饶而具有颠覆性的地方,他们为什么想要摧毁它?如果边缘和主流(majority)之间没有明确界限,到底会有些什么后果呢?对于一个社会主义者来说,当今世界的真正耻辱就是几乎世界上每个人都被驱逐到了边缘。就跨国公司而言,大量的民众确实无足轻重。整个整个国家被推到了边缘地区,整个整个的阶级被认为有机能障碍。众多的社区背井离乡、被迫迁移。

在这个世界上,重要的东西可以在一夜之间改变。没有任何东西或任何人是永远不可或缺的,企业的经理们更是不在话下。谁或什么对体系至关重要是可以辩论的。赤贫的人

---

* 1895—1977,美国杂耍演员,电影喜剧演员。——译注

第一章 遗忘的政治

们显然处于边缘，如同全球经济扬起的众多的瓦砾和废墟；那低收入的人情况如何？低收入的人们既不处于中心地带，也不处于边缘地带。正是他们，他们的工作，维持并使得这个制度运转。在全球范围内，低收入人群意味着人数巨大的民众。这个制度，说来奇怪，把它大多数成员都排斥在外。在这一点上，它就像存在过的所有阶级社会一样，或者进一步说，就像父系社会，使得其中一半的成员受到伤害。

只要我们认为处于社会边缘地区的群体是少数人，这一令人惊奇的事实就很容易掩盖。近来，大多数的文化思想源自美国——一个大多数世界性大公司扎根，而且少数民族种族为数众多的国家。因为美国人并不习惯于放眼世界，加上美国政府统治世界的兴趣要比向这个世界学习的兴趣大得多，"边缘的"就意味着墨西哥人或非裔美国人，而不是，另外的孟加拉国人或西方从前的矿工和造船工人。矿工，除了在 D. H. 劳伦斯小说的几个人物眼里，并不显得那样的另类（Other）。

确实，有时候这个另类是谁看来并不十分重要，它可以是使你在压抑的规范性中感到难堪的任何团体。浑浊的受虐狂暗流之下是认为另类都比我们要好的倾向（exoticizing），其中还混合着老派美国清教徒的少许内疚。如果你是西方世界的白人，那么做谁也比做自己强。碰巧发掘出一位出生于马恩岛的曾祖母、或意外遇上一位康沃尔郡的远房堂兄能部分减轻你的内疚。心怀傲慢，勉强扮成谦恭，另类崇拜认为，在社会多数派中间没有重大冲突或矛盾，少数派之间或许也没有，有的只是他们（them）和我们（us），边缘人和多数人。持有这种观点的一些人深深地怀疑二元对立。

不能再依赖集体性的观念，它属于我们眼前分崩离析的世界。现在，人类历史大部分既是后集体主义者的，也是后个人主义者的；如果这种感觉像真空，它也提供了一个机会。我们需要想象新的归属形式，它在我们这种世界里肯定是多重的，而不是大一统的。其中有些形式将显示出部落或社区的亲密关系，而另一些将更抽象，更介于中间，更间接。不存在可归属的理想社会规模，没有全世界人都能穿的灰姑娘的水晶鞋。社会的理想规模一度被认为是民族国家。但即使是一些民族主义者也不再把这当作唯一称心如意的活动范围。

如果男男女女需要自由和流动，他们也需要传统感和归属感。对根的向往绝不是倒行逆施。在这方面，后现代主义对移民的崇拜未免过于傲慢了，因为它有时竟让移民听起来比摇滚巨星更让人值得羡慕。这是现代主义对流放者、对邪

第一章 遗忘的政治

恶艺术家的崇拜的后遗症,这类艺术家蔑视郊区民众,把自己无奈的贫困变成一种精英美德。当今的问题在于:富人具有流动能力,而穷人只有地区性。或者说穷人定居一地,直到富人攫取了他们的居所。富人们四海为家,穷人们蛰居乡土——尽管如同贫困是个全球性的事实,富人也渐渐懂得定居一地的好处。不难想象未来的富裕社区,它们会受到塔楼、探照灯和机关枪的守护,而穷人们在远处的荒地觅食。同时,更令人鼓舞的是,反抗资本主义的运动正尝试着勾画全球性与地方性、多样性与一致性的新关系。

第二章 理论的兴衰

种种文化观念随着由他们所映照的世界的改变而改变。如果它们强调需要在历史背景中观察事物,它们也确实是这样坚持的,那么,这种观点也适合于它们自己。甚至最精妙深奥的理论也有历史现实的根源。以诠释学(hermeneutics)解释的学问和艺术为例。大家都同意,诠释学的鼻祖是德国哲学家弗里德里希·施莱尔马赫。但鲜为人知的是,施莱尔马赫对解释学的兴趣,是在他应邀翻译一本名为《英国殖民队在新南威尔士的报告》时激发的。那本书记录了作者与澳大利亚土著人等的邂逅。施莱尔马赫对我们如何才能理解这种民族的信仰念念不忘,即使这些人看来与我们格格不入。[1]诠释学正是缘起于一场在殖民地的邂逅。

文化理论必须能叙述其缘起、兴衰的历史。严格说来,

---

[1] 见安德鲁·鲍伊所编,《弗里德里希·施莱尔马赫:诠释学与批评》,剑桥,1989年,p. xix。

第二章 理论的兴衰

这样的理论可回溯到柏拉图。然而,以我们极为熟识的形式来看,文化理论确实是非同凡响的15年——大约从1965年至1980年的产物。正是在这令人惊讶的丰产年代,第一章开篇时所列的大部分思想家撰写了他们的开山之作。

这些日期有什么重大意义?其意义就在于:这是二次大战以来文化理论异军突起的唯一时期。在这期间,政治上的极左派在陨落得几乎无影无踪之前曾一度声名鹊起。新的文化观念,在民权运动、学生运动、民族解放阵线、反战、反核运动、妇女运动的兴起以及文化解放的鼎盛时期就深深地扎下了根。这正是一个消费社会蓬勃发展,传媒、大众文化、亚文化、青年崇拜作为社会力量出现,必须认真对待的时代,而且还是一个社会各等级制度,传统的道德观念正受到嘲讽攻击的时代。社会的整个感受力已经经历了一次周期性的改变。我们已从认真、自律、顺从转移到了孤傲冷漠、追求享乐、抗命犯上。如果存在着广泛的不满,那么,同时也存在着虚幻的希望。存在着普遍兴奋感:现在是正当其时。如果此话成立,部分是因为现在显然预示着,新的未来是通往无限可能性的国度的入口。

最重要的是,这些新的文化观念,涌现于文化本身正变得日益重要的资本主义。这个发展非同寻常。文化与资本主义并非是像高乃依和拉辛，或者是劳莱和哈台那样熟悉的搭档。确实，文化在传统上几乎意味着资本主义的对立面，文化的概念是作为对中产阶级社会的批判，而不是作为它的盟友成长起来的。文化讨论的是价值而不是价格，是道德而不是物质，是高尚情操而不是平庸市侩。它探索的是作为目的本身来开发人的力量，而不是为了某个不光彩的功利动机。这些力量形成了一个和谐的整体：他们并非是一堆专门的工具。"文化"表示的就是这样辉煌的综合，文化是摇摇欲坠的掩体，工业资本主义厌恶的价值观念和活力正好在此藏身。在此地，色情和象征、伦理和神话，感官与情感在逐渐讨厌它们的社会秩序里安了家。文化，从它的贵族高度，睥睨着下面商业崎岖之地熙来攘往的店主们和股票经纪人。

然而，到了20世纪60年代和70年代，文化也逐渐意味着电影、形象、时尚、生活方式、促销、广告和通讯传媒。符号和景观逐渐充斥着社会生活。欧洲担虑文化的美国化。我们看上去似乎已实现了富裕但并不满足，这就彰显了文化问题或"生活质量"问题。从价值、象征、语言、艺术、传统以及从认同感角度来看的文化，正是女性主义、黑人力量这样的新的社会运动呼吸的空气。文化现在站在持异议一方，而不是协调解决之道。它也是新近有了话语权的工人阶级艺

第二章 理论的兴衰

术家和批评家的命脉，他们正首次闹哄哄地合围着高雅文化（high culture）和高等教育的堡垒。在法农、马尔库塞、赖希、波伏瓦、葛兰西和戈达尔令人眩晕的掺和之下，文化革命的观念从所谓的第三世界转移到了富有的西方。

同时，如何使用知识的冲突也在街头爆发。这是一场一方想把知识用于军事和技术的硬件，或用于行政控制技术，而另一方则想把知识看作政治解放的机会的争辩。大学原本是传统文化之家，毫无偏见的研究堡垒，曾几何时一反常态成了政治斗争的文化战场。中产阶级社会鲁莽之极，设立了大学，让道德上一丝不苟、聪慧的年轻人除了一门心思读书或传播理念之外，无所事事达三四年之久。社会对他们的这种纵容，其结果就是大规模的学生反抗。反抗并不像今天的政治正确性运动局限于校内。在法国和意大利，学生骚乱促进引爆了战后最大的工人阶级抗议运动。

无可否认，这只可能发生在特定的政治环境下。在我们自己的时代里，校园里的政治冲突大部分和词汇而不是和红色根据地有关。确实，前者是后者消失的部分结果。即使这样，让敏感、政治上抱理想主义的青年人连续几年聚集在学校，依然不是明智的策略。自始至终有着这样的危险：教育可能让你和执掌着世界的粗俗愚蠢的平庸之辈意见相左，他们的词汇只限于石油、高尔夫、权力和奶酪汉堡之类。教育可能使得你对把治理地球托付给下列人等感到悲观失望。这些人从来没为任何观点所激动；从来没为美景而感动，从来没因任何数学答案揭示出的超凡典雅而入迷。你对这些人疑心重重，他们则大言不惭，说要捍卫文明。但即使对他们当面一掌，也无法认出方尖石碑或欣赏双簧管协奏曲。这些人讲起自由来喋喋不休，但只有在讲义里才认得什么是自由。

这一时期的政治斗争有的成功，有的失败。20世纪60年代末的学生运动并未能阻止高等教育在军事暴力和工业剥削结构中越陷越深，但它却对人文科学与这一切沆瀣一气的方式提出了挑战。这种挑战的成果之一就是文化理论。人文科学已经丧失了清白之身：它不再自诩不受权势的玷污。它如还想继续生存，停下脚步反省自己的目的和担当的责任（assumption）就至关重要。正是这种批评性的自我反省，我们称它为理论。这种理论诞生于我们被迫对我们正在从事的活动有了新的自我意识之时。它是我们不能再将那些做法视为天经地义这一事实的征兆。相反，那些做法必须从现在起就认为自己是新探索的目标。因此，理论总有些遁世隐居、顾影自怜的味道。任何邂逅接触过文化理论大师的人都会意识到这一点。

第二章 理论的兴衰

在其他领域，历史显得相当地多变无常。殖民列强被驱逐，新的殖民势力则取而代之。尽管战后生活富裕，欧洲还存在着重要的大众共产主义政党。但这些政党对新社会力量风起云涌的反应，最好时不过是粗暴无礼，最差时是压抑打击。到了1970年，随着所谓的欧洲共产主义的兴起，他们比以往更坚决地选择了改良主义而不是革命主义。妇女运动取得了一些丰功伟绩，但也受到一些重大挫折，改变了西方文化氛围的大部分，使之变得不可辨认。

争取民权的各种运动也可说是如出一辙。在北爱尔兰，统一派的专制受到民众抗议的围困，不过是否会出现完全民主的果实，还得等着瞧。西方的和平运动促使林顿·约翰逊在好战的轨道上刹车，但没能清除大规模杀伤性武器。和平运动在发挥结束东南亚战争的作用之时，确实发现自己已不再是群众政治运动。然而在世界其他地方，革命潮流继续把殖民政权搅得天翻地覆。

就文化而言，战后家长式枯燥乏味的文化机构，被20世纪60年代的平民实验猝然打得粉碎。精英主义现在成了思想罪，其令人悲伤的程度只稍逊于反犹主义。放眼四周，只见中上阶级孜孜矻矻地要使他们自己的口音不再字正腔圆，牛仔裤要破旧不堪。工人阶级的英雄遂得以成功的推销。

然而，这一政治上叛逆的平民主义也为20世纪80年代和90年代兴盛起来的消费文化铺平了道路。曾将中产阶级自满自足打得粉碎的精神，又受到它的拉拢。同样，商店酒肆的经理们面对诸如"我们要什么？全要！什么时候要？现在！"这类60年代的口号不知是着迷还是惊骇。资本主义需要一种还没出现过的人；其人在办公室里拘谨节制，在购物广场则挥霍无度。60年发生的事，只是生产的各种准则受到了消费文化的挑战。这对于资本主义制度来说，只是程度有限的坏消息。

激进观点的兴亡并非那么简单。我们已经看到，革命的民族主义在取得非凡胜利的同时，也不知不觉地为贫困世界的"后阶级"话语（discourse）打下了基础。学生们发现自由性爱之时，正是凶残的美帝国主义在东南亚到达了它的巅峰之际。如果还对解放有种种新的要求，那这些要求就是对趋于上升扩张的资本主义的部分反抗。受到抨击的不是贫困社会的严酷，而是富裕社会的冷漠。欧洲的共产主义政党取得了一些进展，但捷克斯洛伐克的政治改革却遭到苏联的坦克镇压。拉丁美洲游击队运动也被击退。结构主义，知识界的新潮，在某些方面激进，在某些方面则是技术专家治国论。如果说结构主义挑战了当时主要的社会秩序，它也反映了这

第二章 理论的兴衰

种秩序。后结构主义和后现代主义以自己特有的市场型相对主义颠覆了中产阶级社会形而上（metaphysical）的基础，证实了自己同样模棱两可的性格。后现代主义者和新自由派人士都对公共准则、固有价值、既定的等级、权威标准、双方同意的规范以及传统的习俗疑虑重重。只不过新自由派人士承认他们以市场的名义摒弃了这一切。相反，激进的后现代主义者，却将这些讨厌的东西与商业主义的羞怯、谨慎结合了起来。新自由主义者，不管它在其它地方罪行累累，至少在这儿却有着言行一致的美德。

1970年代初，激进的意见分歧达到了顶点，最终将取代激进的歧见的后现代主义文化也开始浮现。文化理论的美好时光一直延续到大约1980年，——即石油危机宣告了全球大萧条、激进右派胜利和革命希望退潮的数年之后。工人阶级的战斗性，在20世纪70年代初曾蓬勃高涨，随着对工人运动发动的有条不紊、其目的在于将其一劳永逸的消灭的清剿，又急剧消退。工会的手脚被束缚，失业有意地被制造出来。理论以一种对动荡政治时代所做的理智反响超越了现实。正如经常发生的那样，当产生观念的条件消失之际，观念却显示出最后的一片辉煌。文化理论从它发源的那一时刻就已挣脱了束缚，但一路上还试图保持它诞生那一刻的温暖。就像战争，文化理论成为通过其它手段对政治的延续。在街道、工厂里没能得到的解放，相反，可以在不同的色情炽热和漂浮的能指（floating signifier）中表现出来。话语和欲望终于取代了失败的戈达尔和格瓦拉。同时，有些新的观念成了马上就要吹遍西方的后政治悲观主义之风的先兆。

从另一种意义上来讲也是混杂的。话语、异常和欲望的新理论并非是对失败的政治左派运动的简单选择。它们也是深化、丰富左派运动的方法。也许有些人说，要是左派完全采纳这些远见卓识，左派运动当初就不会失败。文化理论的作用就是提醒传统的左派曾经藐视的东西：艺术、愉悦、性别、权力、性欲、语言、疯狂、欲望、灵性、家庭、躯体、生态系统、无意识、种族、生活方式、霸权。无论任何估量，这都是人类生存很大的一部分。要想忽略这些，目光得相当的短浅。这很像叙述解剖学而不提肺和胃。或者像那位中世纪的爱尔兰僧人编了半部字典，却遗漏了字母 S，让人无法解释。

事实上，传统的左派政治——其确实含义那时是马克思主义——并非像上面所示那样愚笨。对艺术和文化，它要说的很多，有些单调乏味，有些新颖迷人。事实上，文化在已为大家所知的西方马克思主义的传统里位置显赫。乔治·卢卡契、瓦尔特·本雅明、安东尼奥·葛兰西、威廉·赖希、马克斯·霍克海默、赫伯特·马尔库塞、特奥多尔·阿多诺、恩斯特·布洛克、L.戈德曼、让-保尔·萨特、弗里德里希·杰姆逊：这些人忽略了色情和象征、艺术和无意识、生活经验和意识转换，就难以成为思想家了。20世纪大概没有比这样的思想更丰富的遗产了。现代文化研究正是从这遗产里亦步亦趋，尽管大部分在其先辈面前黯然失色。

西方马克思主义转向文化，部分原因是政治虚弱或对政治不再抱幻想。夹在资本主义和斯大林主义之间，像法兰克福学派这样的群体，可以通过转向文化和哲学来补偿他们政治上的无家可归。尽管政治上受困，但他们可以利用他们巨大的文化资源来对抗文化作用正变得越来越重要的资本主义，从而证明他们依然和政治挂钩。在同一幕中，他们与共产主义世界脱离了关系，同时，还不可估量地丰富了共产主义先前所背叛的思想传统。然而，这样做，也使得许多西方马克思主义不再像它那战斗的革命先辈，而成了彬彬有礼的乡绅，成了幻想破灭、失去了政治权威、墨守成规的学究。它也把这一点传递给了文化研究中它的继承人，安东尼奥-葛兰西这样的思想家，对这些人来说意味着主观性理论而不是工人革命理论。

马克思主义确实将性别和欲望排除在它的主要议题之

外。但它绝没有忽略这些议题,尽管它们要说的大部分只是片言只语,令人恼怒。最终推翻了俄国沙皇并以布尔什维克政权取而代之的起义,是1917年国际妇女节那天的示威游行发动的。一旦大权在手,布尔什维克就首先考虑妇女的同等权力。马克思主义对环境问题一直一声不吭,不过那时候几乎所有的人都是这样。尽管如此,早期马克思和后来的社会主义思想家对大自然都有思想丰富的反思。马克思主义确实没有完全忽略无意识,仅仅只是把它作为资产阶级的发明而草率地摈除。但这种简单的思维对这种愚昧有着重大的例外,例如马克思主义心理分析家威廉·赖希(Wilhelm Reich);愉悦和欲望在像赫伯特·马尔库塞这样的马克思主义哲学家的思考中发挥着重要作用。以人体为主题著作中写得最好的一本《知觉现象学》(*Phenomenology of Perception*),就是法国左派莫里斯·梅洛-庞蒂的作品。正是通过现象学的影响,有些马克思主义思想家才与生活经历和日常生活的问题密切相关的。

指责马克思主义对种族、民族、殖民主义或者种族源流无所建言,同样不对。确实,20世纪初只有共产主义运动系统提出民族主义和殖民主义重要议题——还有性别问题——并加以讨论。罗伯特·J. C. 扬写道:"承认不同形式

第二章 理论的兴衰

的统治和剥削（阶级、性别、殖民主义）的相互关系，承认必须将它们全部废除，以作为成功实现每个人解放的根本基础，提出这样的政治纲领，共产主义是仅此的一家。"[1]列宁把殖民地革命置于苏维埃政府工作的首位。马克思主义的观点对印度、非洲、拉丁美洲以及其它地方的反抗殖民斗争至关重要。

事实上，马克思主义是支持反抗殖民运动的首要精神源泉。20世纪有众多的反抗殖民主义的伟大理论家和政治领袖在西方接受教育，并持续地学习马克思主义。甘地借助了拉斯金、托尔斯泰和其他的此类源流。大多数马克思主义国家不在欧洲。文化政治本身，就西方所知而言，大体上是如卡斯特罗、卡布拉尔、法农、詹姆斯·康诺利等所谓第三世界思想家的产物。这种说法大可争辩。一些后现代主义思想家无疑会认为：第三世界的斗士求助于像马克思主义这种在西方占统治地位的西方理性，令人遗憾。这些理论家会指出，以法国启蒙运动的主要人物孔多塞侯爵为例，他相信知识公正、科学的光辉、不断的进步、抽象的人权、人类日臻完善的可能性，以及真实人性的精髓在历史上稳步的展现，这些

---

[1] 罗伯特·J.C.扬：《后现代主义：历史序论》，牛津，2001年，第142页。对此处几个观点精妙的研究，我深表谢意。

都有损于他的名誉。

孔多塞当然持有这样的观点。只是同样的理论家，陶醉在他们完全令人理解的反对这些意见中，很可能忘记指出：孔多塞也相信——当时只有其他极少数人也相信——应该有普选权，妇女应具有同样的权力、非暴力政治革命、平等教育、福利国家、殖民地解放、言论自由、宗教宽容以及推翻专制和教权主义。尽管这些人道的观点可以与他不引人注目的脱钩，但并非毫无关系。人们可以声称：开启心智才算启蒙运动。今天就有那样的人，对他们来说"目的论"、"进步"、"普救论"是十恶不赦的思想罪（确实他们有时能言之凿凿地证明）。他们就像是在政治上早出生了几个世纪。

尽管如此，说共产主义运动在一些重大问题上一言不发，难辞其咎，是言之成理的。不过马克思主义并不是某种人类哲学或宇宙奥秘，它并不应该责无旁贷地从对改变敲碎熟鸡蛋的习惯到尽快去除小黄猎犬的虱子种种事情发表意见。马克思主义，笼统地说，叙述了一种历史的生产方式是如何转变到另一种生产方式的。讲起体育锻炼或封嘴禁食是否是最好的节食之道，没有引起你的兴致，这不是马克思主义的缺陷。妇女运动迄今为止对百慕大三角依然一言不发，也同样不是它的缺点。那些指责马克思主义建言不够的人，

第二章　理论的兴衰

对喋喋不休的宏大叙事也同样反感。

20世纪60年代和70年代问世的许多文化理论可以看作是对经典马克思主义的评论。总的来说，这种批评是同志式的，而不是敌意的反应——这种局面后来改变了。马克思主义，举例而言，一直是指导亚洲和非洲新革命民主主义行动的理论之光；但这点，不可避免地意味着修改该理论，以适应特定的新情况，而不是全盘接受马克思主义。从肯尼亚到马来西亚，革命的民族主义既复活了马克思主义，又迫使它自我反省。在马克思主义者和女性主义者之间也还发生过一场激烈而又极富成效的辩论。路易·阿尔都塞信奉马克思主义，他感到有必要打消许多公认的马克思主义的观点。克劳德·列维—施特劳斯是马克思主义者，他感到马克思对他的专业领域——人类学，几乎无所建树。作为一种历史观点，马克思主义似乎对史前文化和神话也没有多少阐明。

罗兰·巴特乃左派一员，他发现，说到符号学，符号的科学时，马克思主义对此一无所言，令人遗憾。朱丽娅·克里斯蒂娃研究语言、欲望和人体，三者没有一项位于马克思主义议题之首。然而两位思想家在当时与马克思主义政治关系紧密。后现代主义哲学家让-弗朗索瓦·利奥塔尔发现马克思主义与信息社会和艺术先锋派思想了无干系。当代最前卫的文化杂志《如是》(Tel Quel) 发现，毛泽东主义可以短时间替代斯大林主义。这很像找到了纯可卡因来替代海洛因。新的联系在巴黎和稻田间建立了。还有许多人找到了托洛茨基主义这个替代品。

这枯燥的陈述还能延续下去。雅克·德里达现在声称，他始终把他自己的解构主义理论理解为一种激进化的马克思主义。这话无论对错，解构，有一段时间在东欧的一些知识圈里曾一度成为反共产主义歧见的一种准则。米歇尔·福柯，阿尔都塞的学生，是离经叛道的后马克思主义者，他发现马克思主义在权力、疯狂、性欲问题不能令人信服，但在一段时期内，他继续徜徉于它一般的氛围之中。马克思主义在福柯最著名的几本著作中为他提供了一个沉默的对话者。法国社会学家亨利·勒菲弗尔发现经典马克思主义完全没有日常生活的概念。在他手里，这个概念，后来对1968年的激进分子影响巨大。在对马克思主义整体明确表示怀疑的同时，社会学家皮埃尔·布尔迪厄掠夺了马克思主义的理论资源，提出了像"符号资本"(symbolic capital) 这样的概念。曾几何时，几乎无法判定战后英国最优秀的文化思想家雷蒙·威廉斯是否是马克思主义者。但这与其说是他作品致命的模棱两可，还不如说是他作品的优点。同样的论述也适用

第二章 理论的兴衰

于在英国和美国的所谓新左派（New Left）。这些新锐文化思想家是同路人——不过是马克思主义的同路人，而不像他们30年代的前辈是苏联共产主义的同行者。

并非所有的新锐文化思想家和马克思主义观点的关系都是这般令人忧虑。但要说新兴文化理论中的大部分诞生于和马克思主义的极富创意的对话，看来也是公正的。这种对话始于试图在马克思主义周围找到出路，而又不完全放弃它。它的结果分毫不差。在法国，不同基调的对话再现了马克思主义、人道主义和存在主义之间先前的和解。其中心人物是受人尊敬的萨特。萨特曾有名言：马克思主义代表着20世纪在一个方面的最终境界，你可以置若罔闻，但无法逾越。然而像福柯和克里斯蒂娃这样的思想家曾忙于想超越它。但他们力争要想跨越的正是这一境界，而非其它境界。没有人在和道教或邓斯·司各脱争吵。哪怕是从负面来说，马克思主义也在这种程度上保持了它的中心地位。马克思主义碰到任何理论都会作出反应。如果新兴的文化思想家还能严厉批判马克思主义，那么，其中有些人还持有其激进的看法。至少，他们还是共产主义者，其意义就像约翰·J. 肯尼迪宣称自己是柏林人。

事实上，有时候很难说这些理论家是在反驳还是在发展马克思主义。要下这个判语，首先就得对马克思主义究竟是什么，要有确切的理解。但这难道不正是事情的麻烦部分？这难道不是马克思主义名声不佳的原因之一？认为理论就应该有确切的定义，可以用它来比照同一理论的其它说法，以找到它离经叛道的犯罪程度，难道不是自以为是？这很像以前对弗洛伊德学说是否是科学的争辩。论证的双方似乎都想当然地认为自己知道科学到底是什么：唯一的问题是弗洛伊德学说是否能被纳入这一科学。但如果心理分析一开始就迫使我们对以前认为是科学的观点进行大彻大悟的改革呢？

　　确切地说，重要的东西是你的政治主张和见解，而不是你怎样对它们进行分类。当然，特殊的观点必须有特定的内容。至少要有些被认为与它水火不相容的内容。你不可能一面服膺马克思主义，一面鼓噪着要复辟奴隶制。女性主义信念众多，相当松散，但不管它散到何等地步，也不可能包括把男人作为优等品种来顶礼膜拜。确实有些英国圣公会的教士，似乎放弃了上帝、耶稣、童贞女玛利亚受圣灵感应而生耶稣、奇迹、复活、地狱、天堂、真实的神灵与原罪。但这是因为，他们性格温柔，胸襟开阔，易于接受无穷无尽的观念。他们不想通过相信任何令人难受的具体事例来冒犯他人的感情。他们只是相信：人应该互相友爱。但是这种不同于教条主义的信念，并不等于可以想当然地认为，任何政治学说都可以接受。

然而，在一些地方，马克思主义已经变成这样一种教条，这在斯大林和他接班人的统治下尤为突出。问题是能否让这理论更灵活自由而又不让它分崩离析。一些文化先驱的答案是小心谨慎的肯定；后现代主义者的回答则是毫不含糊的否定。不多久，随着东欧继续下滑走向灾难，大多数的先驱们回心转意，亲自得出了"不"这个结论。正如20世纪60年代激进的文化平民主义不由自主地为80年代愤世嫉俗的消费主义铺平了道路，当时的一些文化理论着手将马克思主义激进化，其结果是十之八九完全超越了政治。它以深化马克思主义起始，以取而代之告终。J.克里斯蒂娃和《泰凯尔》(*Tel Quel*)小组转向了宗教神秘主义，并颂扬起美国的生活方式。后结构主义多元化现在最好的榜样并不是中国的文化革命，而是北美的超市。罗兰·巴特从政治转换到了愉悦。让-弗朗索瓦·利奥塔德的注意力投到了星际间的旅行，继而在法国总统选举中支持右翼吉斯卡尔·德斯坦。米歇尔·福柯声明不再保持对新社会秩序的任何期望。如果阿尔都塞从内部重写了马克思主义，这样他就打开了一扇门，他的许多门徒将全部从这门里偷偷溜走。

38 　　所以，马克思主义的危机并非始于柏林墙的倒塌。60年代末70年代初的政治激进主义的核心就能感知到这一危机。不仅如此，在很大程度上，它还是引起一连串争论的新观点的驱动力。利奥塔尔摈弃他所认为的宏大叙事时，首次使用宏大叙事这个术语来表示马克思主义。苏联入侵捷克斯洛伐克之时正是著名的1968年学潮之际。如果能感觉到狂欢，也能感受到冷战。这并不是左派先兴后衰的问题。就经典马克思主义而论，蠕虫已经躲藏在花蕾里，而蛇则隐秘地蜷曲在花园里。

　　斯大林主义的残暴使得马克思主义在西方声名狼藉。但许多人感到马克思主义受到质疑也是因为资本主义本身的变化。它不能适应以消费而不是以生产、以形象而不是以现实、以媒体而不是以纺织厂为中心的新型资本主义。它尤其是不能适应富裕。20世纪60年代后期，战后经济繁荣可能已是强弩之末，但它还在决定政治的步伐。萦回于西方激进的学生和理论家心中的许多问题是由进步而非贫穷造成的。这些问题是：官僚规制、铺张浪费、精密的军事装备，失控的科技。这是个从头至尾就被幽闭恐怖症所掌控，充斥着符号和常规的世界。对这一世界的感觉导

第二章 理论的兴衰

致结构主义的诞生,结构主义研究产生人类意义的隐秘代码和常规。20世纪60年代既令人窒息又活跃时髦。有过对综合知识、广告和商品至高无上权力的焦虑。几年以后,检验所有这一切的文化理论自己也有成为另一浮华商品之虞,成为高价倒卖自身符号资本的一种方式。这些问题都是关于文化、生活经验、乌托邦欲望、由两维社会形态所造成的情感和知觉的受损。从传统上来说,马克思主义在这些议题上建树不多。

愉悦、欲望、艺术、语言、传媒、躯体、性别、族群、所有这些用一个词概括就是文化。文化,这个字的意义包括比尔·威猛、速煮食品以及德彪西和陀思妥耶夫斯基,似乎是马克思主义所缺乏的。这就是为什么与马克思主义对话主要是在那个地带展开的理由之一。文化也是让文明人道的左派远离极度缺乏文化修养的、实际存在的社会主义的一种方式。文化理论而非政治、经济学或正统哲学在动荡的年月里与马克思主义意见相左,就不足为怪了。如果不能轻而易举地加以约束,文化研究者在政治上往往趋于激进。因为像文学、艺术史这样的科目没有明显的物质回报,所以他们只能吸引那些怀疑资本主义功利观念的人。这种纯粹出自喜好而从事某一工作的想法,始终令须发花白的国家护卫者惊慌失措。毫无意义乃是件起着强烈破坏作用的事情。

无论如何,艺术和文学包含着大量与现实政治体制难以和谐一致的观点和经验。在那个经验本身看似脆弱以及落魄的世界里,艺术和文学提出了生活质量的问题。首先在这样的条件下,怎样才能创造出有价值的艺术?为了名声鼎盛艺术家难道不需要改变社会?此外,和艺术打交道的人讲的是价值的语言而非价格的语言。他们所创作的作品的深度和强度彰显了迷恋于市场的社会日常生活的浅薄。他们也受过教育,想象以多种方案来替代现实。艺术鼓励你想象和期望。就是因为这些原因,为什么是艺术或英语的研究者,而不是化学工程的研究者往往成为论战的中坚,也就一目了然了。

然而,一般说来,化学工程的研究者比艺术和英语的研究者更善于调整好自己的心情。吸引文化专家加盟政治左派的特点,也就是他们难于组织起来的特点。他们的政治行动诡秘,行动时畏首畏尾,对乌托邦比对工会更有兴趣。不像奥斯卡·王尔德笔下的平庸之辈,他们知道万物的价值却不知道万物的价格。你不会让兰波加入公共卫生委员会。在20世纪60年代和70年代,这使得文化思想家同时成为马克思主义内部和外部的理想候选人。在英国,像斯图尔特·霍尔这样的著名文化理论家,决然转向非马克思主义阵营之前,占据此位长达几十年。

同时置于一个位置的内部和外部——占据一块领土,同时又在边境上狐疑地踯躅——通常能产生最富独创性的思想。这个地方资源丰富,尽管不是始终毫无痛苦,只要回忆起20世纪英国文学的伟大名字就够了,他们几乎都游移在两种或更多的民族文化之间。后来这种位置的不确定性为新兴的"法国"文化理论家传承。他们之中有许多人并非出生于法国,出生在法国,性取向为异性者,为数也不多。有些人来自阿尔及利亚,有些人来自保加利亚,还有些人来自乌托邦。随着20世纪70年代的慢慢地消逝,这些原先的激进分子中相当一部分人开始东山再起。20世纪80至20世纪90年代非政治化的通道已经打开。

第三章　通往后现代主义之路

随着反文化的60—70年代进入后现代主义的20世纪80—90年代，马克思主义并不能切中时弊看来似乎更为明显。因为，现在看来工业生产确实是在消亡，随着它消亡的还有无产阶级。国际竞争剧烈，利润率下降，战后繁荣于是逐渐消退。民族资本主义在日益全球化的世界中，奋力要保持独立。它们没像以往那样得到保护。利润减弱，使得整个资本主义制度经历了令人吃惊的资产转移。生产被转移到了西方想当然认为发展中世界那工资低的地方。劳工运动被缚住了手脚，不得不屈辱地接受对其自由的限制。投资从工业生产转移到了服务业、财经和通讯领域。随着大企业变得具有文化性，更加依赖于形象、包装和展示，文化产业成了大工业。

然而从马克思主义自己的观点来看，反讽是一目了然的。看来使马克思主义默默无闻的那些变迁正是它所需要解

第三章 通往后现代主义之路

释的变迁。马克思主义显得多余，并不是因为资本主义制度改变了本质；马克思主义不再受到青睐，是因为资本主义比以往更加彻底。资本主义陷入了危机；然而正是马克思主义叙述了危机是如何发生和结束的。因此，从马克思主义自己的观点来看，使得它显得多余的，恰恰证实了它的意义。马克思主义没被赶下台，是因为资本主义制度改革了自己，使得社会主义的批评成为多此一举。它的势力范围缩小正是出于相反的原因。那时因为资本主义制度看上去难以打败，而不是它改变了性质。这使得许多人对激进的变革感到绝望。

马克思主义持久的意义在全球范围最为明显。但那些以欧洲为中心的马克思主义理论批评家并不是那样清楚，他们只看到约克郡的煤矿在不断地关闭，西方工人阶级在不断萎缩。在全球范围内，正如《共产党宣言》所预见的那样，贫富之间的差异继续扩大。也正如它所预言的那样，全世界穷人要想对抗的怨恨正在增长。只是尽管马克思曾在布拉德福德、布朗克斯区寻找过此等怨恨，今天却能在的黎波里和大马士革的露天市场中找到。而且他们有些人心里挂念的不是攻打冬宫，而是天花。

至于无产阶级的消失，我们应该回忆一下该词的词源。古代社会的无产阶级是那些穷得无法以财产为国家服务，而以生育孩子（Proles，意味后代）作为劳动力来服务国家的人们。他们除了身体可以奉献以外一无所有。无产者和妇女因而也亲密联盟，正如他们今天在世界的赤贫地区结盟那样。赤贫或丧失生存条件就是赤条条两手空空，就像其他动物一样用身体来工作。既然这依然是这个星球上千百万男女的生存状况，有人说无产阶级已经消失，那真是奇谈怪论。

因此，文化理论鼎盛时期，有助于瓦解左派的那些力量已经在内部从事解构工作。看来像似它反叛的时刻，其实已是政治衰退的肇始。罗纳德·里根和玛格丽特·撒切尔已经森然地出现在地平线上。不过在十来年时间，没有人身体力行来驳倒马克思主义，正好像没有一艘宇宙飞船飞出过宇宙的边界，可以证明上帝并不潜伏在那儿。但是，现在几乎每个人都开始表现出马克思主义似乎不存在的样子，不管他们如何考虑上帝的身份。

确实，随着苏联及其卫星国的垮台，马克思主义确实从这个地球的一整块区域里消失了。与其说马克思主义是遭到了驳斥，还不如说它不再值得考虑。不再需要对马克思主义发表看法，就如同不要再对麦田圈或以敲击做声闹恶作剧的鬼发表意见一样。在脆弱、贪婪的20世纪80年代的西方世界，与其说马克思主义是错，还不如说它已经无关紧要。它

第三章 通往后现代主义之路

甚至已不是议事日程上的一系列问题的答案了，就像尼斯湖水怪，哪怕确实存在，也没有什么差别了。马克思主义可以作为副业，作为无害的怪癖，或招人喜爱奇物的嗜好继续发展，但马克思主义确实不是那种可以公开炫耀的理论，除非你脸皮特厚，或有明显的性受虐性格。早先那一代的思想家，因为对它既冷漠又利用所以是后马克思主义者；新的一代则因为大卫·鲍伊是后达尔文主义者，才是后马克思主义者。

这是个奇特的情景。并不一定非得是马克思主义者才能认定马克思主义不仅仅只是猜想，不是像麦田圈起源于外星空那样，能随意地相信或不相信。首先，马克思主义绝不是猜想。马克思主义——或者在更宽阔的背景下来表述，社会主义——是一场集千百万男女，跨越几个世纪，牵连众多国家的政治运动。有位思想家将它描述为人类历史上最伟大的改革运动。无论其功过，它改变了地球的面貌。它不像新黑格尔主义或逻辑实证主义那样，只是一组引人入胜的想法。尽管逻辑实证主义可能会在休息室里的师生中引发酒醉后的混战。但没有人曾为它奋斗、为它牺牲。如果偶尔有新黑格尔主义者会靠在墙边被处决，那不会因为他们是新黑格尔主义者。在所谓的第三世界，社会主义受到全世界受苦人的欢迎，他们并不会热切地将符号学或接受理论搂在怀里。而现在,社会主义这种码头工人和产业工人所从事的地下活动,已经变为温和而有趣地来分析《呼啸山庄》的一种方法。

文化理论春风得意的时期,出现了一个特点。它似乎是等量齐观地融合了政治与文化。尽管出现了民权运动和和平运动,但也出现了性实验、意识的加强和生活方式的浮夸改变。在这点上,20世纪60年代与19世纪末如出一辙。19世纪最后的几十年令人难以置信地混合了政治和文化的激进思潮。它既是无政府主义的时代也是唯美主义的时代,是黄皮书*的时代也是第二国际的时代,是颓废,也是码头工人举行声势浩大的罢工时期。奥斯卡·王尔德既信仰社会主义,也信仰艺术至上主义。威廉·莫里斯是马克思主义革命者,但同时倡导中世纪艺术。在爱尔兰,毛德·冈、C.康斯坦斯·麦凯维茨在戏剧、妇女运动、监狱改革,爱尔兰共和主义和巴黎的先锋艺术之间腾挪自如。W. B. 叶芝是诗人、神秘论者、政治活动组织家、民俗学研究者、术士、戏剧导演、文化主管。在这非凡的时期,可以看见同一群人物既涉猎于神智学,也游行示威抗议失业。有些从事社会主义地下

---

* 黄皮书(The yellow book),法国等国家政府的报告书。——译注

第三章 通往后现代主义之路

运动的人是同性恋者。你可能同时迷恋象征主义和工团主义。毒品、魔鬼崇拜与女性主义一样比比皆是。

20世纪60年代继承了几分这种令人陶醉的交融。这两个时期都具有以下特征：乌托邦思想、性政治、精神贫乏、帝国战争、和平和友谊的福音，伪东方主义，政治革命主义，奇异的艺术形式、迷幻状态、回返自然、对无意识的解放。事实上，在某种程度上，20世纪60年代更为温顺——是个爱情聚会、权力归鲜花*的时代，而不是世纪末的撒旦崇拜时代，是个天使多于恶魔的时代。在这个时期的末尾，打造全球与个人、政治与文化最深刻联系的，正是妇女运动。这个运动的一部分留传给了后来的后现代主义阶段，也就是下一个世纪末。文化是种面向两方面的语言，同时面向个人和政治。同样的说法可以运用在反精神病学说和反殖民主义上。

文化，除了别的影响以外，还是保持激进政治生机勃勃的一种方式，也就是用其他方式来继续进行激进的政治。然而，文化必定日渐地要取代激进政治。在某些方面，20世纪80年代就像缺乏了政治的19世纪80年代和20世纪60年代。

---

* 美国嬉皮士主张通过爱情和非暴力实现社会改革。——译注

随着左派政治希望的消失,文化研究成了显学。改革社会的美梦被斥责为非法的"宏大叙事",更有可能导致专制而不是自由。从悉尼到圣迭戈,从开普敦到特罗姆瑟,每个人都自惭形秽。微观政治学在全球兴起。史诗寓言篇尾声中,一个新的史诗寓言在全球展开。放弃全球思考的呼吁横贯了这个病态地球。我们之间的联系——不论什么都是同样——都是有害的。在一个不断屈服于同样的侮辱行为——饥饿、疾病、克隆的城镇、致命的武器和CNN电视节目的世界里,差别只是口号新旧而已。

考虑到后现代主义自己的冲动是要消除形象与现实、真实与虚构、历史与谎言、道德标准与美学标准、文化与经济、高雅艺术与流行艺术,政治左派与政治右派之间的差别。它竟然过分注重区别真是令人啼笑皆非。即使如此,正当股票经纪人与金融家们把哈得斯菲尔德和香港越拉越近时,文化理论家却拼命要将它们分开。同时,历史终结论(the End of History)从那个现在看来越来越可能真正要结束历史的美国那里自鸣得意地传播开来。不会再有重大的世界性冲突了。后来才搞清楚,宣布此事之时,伊斯兰原教旨主义者并没有十二分的在意。

"文化政治学"就此诞生。但这个词的意义却非常含

第三章 通往后现代主义之路

混不清。激进分子的圈子里早就承认,政治变革要有效,必须是"文化的"。政治变革不扎根于人民的感情和观念之中,——变革得不到他们的赞可,不和他们的渴望紧密相连,不能千辛万苦地得到他们的认同,——不可能长期持续。大致说来,这就是意大利马克思主义者 A. 葛兰西所说的"霸权"(hegemony)。从布尔什维克到布莱希特一脉相承的社会主义艺术家们,用自信的大男子主义口吻,要来分解中产阶级公民并以新人类(the New Man)取而代之。需要有崭新的人类来服务于新的政治秩序,他们的感觉器官与人体习惯有所改变,记忆力类型不同,本能需求迥异。文化的任务就是提供这种人。

"文化大革命",却没有很好地接受这个教训,然而,一些反抗殖民主义的领袖,很好地接受了这个教训:殖民文化必须和殖民统治一起抛弃。仅仅用戴假发、穿法袍的黑人法官来代替戴假发穿法袍的白人法官没有意义。但他们并不设想文化会替代社会的变革。爱尔兰民族主义者并不仅仅为了绿色邮箱,而不是红色邮箱而奋斗。南非的黑人不仅仅是为了做南非黑人的权利而抗争。比之所谓的认同政治(identity politics),还有多得多的东西胜负难料。

对类似女性主义的种种运动而言,广义的文化不是多余的东西。相反，它是女性主义政治要求的中心，是表达这些要求的语法。价值、言语、形象、经验和身份在这里是政治斗争的唯一语言，一如它们在所有的种族和性政治中。感觉的方式和陈述的形式，从长远来看，和提供儿童保育和同工同酬一样重要。它们是政治解放方案中必不可少的部分。传统的阶级政治就不是如此。英国维多利亚时的磨坊工人们可能黎明即起，工作前聚在一起读读莎士比亚，或会为他们职业生活和当地文化留下宝贵记录。但这种文化活动，并不是争取更高报酬和工作条件的斗争中不可或缺的组成部分，正如围绕着性别歧视者形象的斗争是女性主义必不可少的一部分那样。

然而，也存在着一些文化政治形式，能将经验与认同问题与其政治背景相分离。关键不是要改变政治世界而是要确保政治世界中自己的文化地位。有时候，文化政治似乎是你不进行其它种类政治时留给你的活动。以北爱尔兰为例，天主教徒与新教徒之间的冲突（后者几十年来因不公正改划选区而享有多数地位），作为两种"文化传统"能否互相尊敬的问题变得温和了。几年前还一直在高喊"打倒教皇（Kick the Pope）！烧死天主教徒！"的北爱统一党党员突然以边缘、生气勃勃的少数派、文化多元主义的方

第三章 通往后现代主义之路

式来捍卫英国在北爱的权力。在美国,种族有时候只意味着美国本身内部的少数民族,而不是因美国人倡导的制度而注定要过悲惨生活的千百万人。种族意味着国内文化不是国际政治。广为流传的依然是深奥的美国概念,尽管美国多年来投入了大量精力来抑制这种概念方方面面的恼人之处。

文化是个难以明确的术语,它可微不足道,也可意义重大。光洁的报纸彩色增刊是文化,通过它映入我们眼帘的那形容枯槁的非洲人形象也是文化。在贝尔法斯特或在巴斯克地区,文化可以意味着你杀戮的目的,或者对激情稍逊的人来说,意味着献身的目的。它也可能是对U2乐队好坏的口角。有人可能因为文化而被烧死,而文化也可能是个是否穿那件迷人的拉斐尔前派风格的衬衣问题。就像性,文化是那种只有通过高估才能避免低估的那种现象。从一种意义上来说,它是我们赖以生存的原则,是明智之举的本身,是我们呼吸的唯一的社会空气;从另一种意义上来说,它绝非塑造我们生活的最深刻的东西。

然而,有着足够的借口来高估我们时代文化的重要性。如果文化从20世纪60年代开始就对资本主义至关重要,到了20世纪90年代,它和资本主义几乎是浑然一体了。这确实是我们所说的后现代主义的一部分。在这样一个由电影演员做总统,充斥着色情引诱商品、政治闹剧、几十亿美元的文化产业所构成的世界里,文化、经济生产、政治优势、意识形态宣传似乎都汇成了一个没有特色的单一整体。文化一直与符号和表现有关。但现在,我们拥有一个不间断地在穿衣镜前表演的整体社会,把它所做的每一件事编织进一个巨型文本,每时每刻都在塑造着这个文本世界那鬼怪般的镜像,而这个文本世界在每一个点上复制着这个巨型的文本。这就是众所周知的电脑化。

同时,文化在认同(identity)意义上已变得更为急迫。资本主义制度越是在全球展示沉闷而一元的文化,世人就越要声势浩大地捍卫自己的民族、区域、街区或宗教的文化。在最令人沮丧之时,这意味着文化变得日渐狭隘,也变得日渐空泛,平淡乏味在褊狭盲从中找到了回音。广告公司经理们乘着豪华喷气客机四处奔波,那些不能与他们享受同一片天空的其他人,在他们眼中只能是低人三分,与牲畜无异。

资本主义始终不分青红皂白,把不同的生活方式混为一谈,——这是应该让那些不谨慎的后现代主义者驻足三思的一个事实。对他们而言,多样性不知怎么的竟然就是美

第三章 通往后现代主义之路

德本身。那些认为"动态"始终是褒义词的人，看见人类所经历过的破坏力最大的生产体系，也许愿意重新思考他们的观点。但我们现在正目睹着这种崩溃那难以忍受的加速：传统社区的撕裂，国家屏障的消除，移民大潮的产生。以基要主义形式出现的文化，在回应这些令人惊愕的巨变中已经抬头。放眼四望，人们为了坦然自得而不惜竭尽全力，部分原因，就是其他人的活动受到过分限制而放弃了要坦然自得的观念。

要使基要主义让步是难上加难——这应该警示我们不要认为文化的可塑性是无限的，而大自然始终是固定不变的。这是后现代主义者的另一教条，他们一直提防着那些使社会事实或文化事实"适应异域环境生长"的人，因此使得变化无常看上去天长地久，不可避免。看来他们没有注意到，从华兹华斯时代起，大自然不可改变的观点就改变了许多。他们显然是生活于前达尔文、前技术的世界，无法看到大自然在某些方面比文化更容易摆布。事实已经证明，推平大山远比改变父权价值观容易。和说服沙文主义者放弃偏见相比，克隆绵羊可谓轻而易举。摧毁文化信仰，特别是与担忧自己身份有密切关系的种种基要主义派别，要比摧毁森林难得多。

始于20世纪60年代和70年代对马克思主义的评论，在80年代和90年代已告结束，其结果是否决全球政治这一想法。随着跨国公司从地球的这一端扩散到另一端，知识分子坚决认为：普遍性是幻觉。米歇尔·福柯认为马克思主义的权力观念有局限性，冲突确实到处存在；相反，后现代主义哲学家让·鲍德里亚却质疑海湾战争的发生。与此同时，前社会主义斗士利奥塔尔继续着他对星际旅行、宇宙熵以及四十亿年后太阳熄灭，人类从地球集体出走的探索。对一个厌恶宏大叙事的哲学家来说，这似乎是个异常开阔的视角。这就是持不同政见者心灵逐渐麻木的过程。在有些地区，激进的战斗已让位于激进的时尚。先前激进的思想家们，到处都在见风使舵，剃去自己的连鬓胡须，收敛傲气。

60年代好斗的政客们大多性情乐观：你如果欲望足够强烈，你就能实现心愿。乌托邦就在巴黎街面的铺路石下面。巴特、拉康、福柯和德里达这样的思想家还能感受到这种乌托邦冲动的余波。只不过他们不再相信乌托邦在实践中会变成现实。欲望的空虚，真理的不可能穷尽，主题纤弱易碎，进步的谎言，无处不在的权势，这些使乌托邦受到了致命的损害。佩里·安德森用令人惬意的华丽辞藻写道：这些思想家"抨击意义、践踏真理、智胜伦理学和政治学并抹杀

第三章 通往后现代主义之路

历史"。[1]20世纪60年代后期的大失败以后,唯一可行的政治策略似乎就是对还要存在下去的体制进行零星的抵抗。这个体制会受到扰乱,但不会被摧毁。

同时,你也会在情欲的炽烈、艺术的温文尔雅和符号的令人愉悦中找到乌托邦的替代品。所有这一切都预示着更普遍的幸福。唯一的问题就是:这种幸福永远不会实实在在地来临。我们的这种心情可以自相矛盾地(paradoxically)被称为自由论者的悲观主义。对乌托邦的向往,应该不会没人相信,但对其健康最致命的东西,无过于要试图将它变为现实。现状将无情地受到抵制,但并不是以可供选择的价值观念(alternative values)的名义——这从逻辑上来说几乎是不可能的花招。这种失望转而屈从于一些后现代主义思潮全面的悲观主义,没过几年,只要一提人类历史曾经确实出现过进步的微弱之光,这一提法就会受到定期吸服麻醉品和使用抽水马桶的那些人的尖刻轻蔑。

从传统上来看,涵盖一切正是政治左派的思维方式,而保守的右派则喜欢适度地渐进。现在这些角色却出人意料地被颠倒。正当有必胜信念的右派大胆重新想象地球的形状之

---

[1] 佩里·安德森,《历史唯物主义之路》,伦敦,1983年,第91页。

时，有文化修养的左派却大体上已撤退到了垂头丧气的实用主义。一些文化思想家宣布历史的宏大叙事最终已精疲力竭后不久，在资本与《可兰经》或曲解的《可兰经》之间的战斗中，一种特别丑恶的叙事登场了。西方世界的敌人的意图是将西方斩尽杀绝，而不是将西方据为己有。一些西方领导人，尤其是那些办公室里不食人间烟火的高官，怀着暗暗的思旧情怀而回想社会主义的年代，是情有可原的。要是当年他们不猛烈抨击社会主义，社会主义原本有可能消除掉一些不公正的行为，正是这些不公正行为培育了人体炸弹。

当然，文化左派这种后撤，主要不是它本身的过错。这完全是因为政治右派野心勃勃，而使得左派畏畏怯怯。这种后撤毁坏了自己的基础，包括它的国际主义基础，只剩下了零零碎碎岌岌可危的观点来作为依据。然而，一旦反资本主义运动兴起，这倒成了文化左派不太站得住脚的辩词。那场引人注目的运动，尽管有其混乱不清之处，所表明的却是心怀世界并不等于同意专制。局部行动和全球视角相结合是可行的。尽管许多文化左翼人士早就不再提起资本主义，更别说要想出取而代之的制度。讲性别或者种族特点是令人愉快的；讲资本主义就是"总结"或"经济主义"。这正是生活在资本主义内部美国理论家的观点，因此他们就无法看清局

第三章 通往后现代主义之路

势。寥寥无几可资他们利用的社会主义往事,也是无济于事。

从某种意义上来说,20世纪60年代到90年代的转折,使得理论过于直率。结构主义、解释学等等令人头晕的抽象理论,已让位于更可感知的后现代主义和后殖民主义的现实。后结构主义是一种思潮,但后现代主义和后殖民主义却是现实生活的形态。至少对那些相信世界比话语更重要的、令人生厌的理论老古董来说,研究不固定的能指与探究印度民族主义或大型超市的文化之间确实存在着差异。然而,尽管这种向着具体的回归,是值得欢迎的还乡,它就像几乎所有的人类现象,并不是完全正面的。首先,它是个只相信自己能接触、品尝和贩卖的社会所特有的现象。其次,许多先前更加晦涩虚浮的理念只是表面上远离了社会和政治生活。解释学,作为译解语言的艺术,教育我们要在不言而喻、一目了然之处生出疑虑之心。结构主义使我们洞察控制着社会行为的隐藏的规范和习俗,因此就使得社会行为看起来不够自然而勉强。现象学将高深的理论和日常经历整合为一体。接受理论检验读者在文学中所起的作用,但实际上又是对群众参与更广泛的政治关注的一部分。被动的文学消费者不得不让位于积极的共同创造者。秘密终于大白于天下:对于文学作品的存在,读者和作者一样,都至关重要。这个由男女组成的、长期被蔑视、受压迫的阶级正在最后地准备自己的政治行动。如果"一切权力归苏维埃"已有些霉味,那它至少可以重新改写为"一切权力归读者"。

最近的发展趋势,特别是在美国,是一种反理论。正当美国政府比以往更粗野地耀武扬威之时,一些文化理论开始发现"理论"这个词令人反感。一些所谓的激进女性主义者往往如此,她们怀疑理论,认为它是蛮横而明确地肯定了男性智力。理论只不过是一群年轻幼稚,情感受阻的男人,在比较他们自己的多音节的长度而已。然而,反理论的意义就不仅仅是不和理论打交道。既然那样,布拉特·皮特、芭芭拉·史翠珊就有资格成为反理论家。这就是说对理论的一种怀疑在理论上是很有趣的。反理论家就像是个医生,给你讲述复杂的医学道理,就要你能尽量多吞食垃圾食品,或者像个神学家给你提供和别人通奸的辩驳不倒的论据。

在理查德·罗蒂和斯坦利·费希这样的反理论家看来,理论就是如何试着证明自己的生活方式正确。[①] 理论是你解释你行为的根本理由。不过对反理论家来说,这既不可能,也没有必要。你不能用理论来证实自己生活方式的正确,因

---

① 见,例如,理查德·罗蒂,《偶然、反讽与团结》,剑桥,1989年;斯坦利·费希《顺势而为》,牛津,1989年。

第三章 通往后现代主义之路

为理论是你生活方式的一部分,并不与生活脱离。被认为是合法的理由或符合逻辑的想法,是你生活方式本身为你决定的。因此,文化并没有任何理性基础。文化就是文化。你可以为你行为的这一点或那一点辩解,但你不能证明你的生活方式或整套信仰是有理由的。这样做,犹如说秘鲁是个坏东西。

这就是中世纪唯信论(fideism)这种异端邪说的最新形式。人的生活是构建在不受理性细察的某些信念之上的。信仰运行在不同于理智的另一个领域。人并不以任何理性的根据来选择信念;相反,就像水痘,是它们选择了人。它们已成为你身心的一部分,即使你曾努力了解它们,也无能为力。文化不是那种能证明或需要被证明有道理的东西,正如你不需要为刚刚剪了脚趾甲而提出一串错综复杂、玄而又玄、浮华铺张的解释。而这也意味着在文化之间,不存在评判的理性基础。我不能在你和我的文化之间做出评判,因为我的判断只能是从我的文化内产生,不会从我文化的外部某个中立点上产生。不存在这样一个可以立足的地方。因此我们不是涉足于文化之内,同气连枝,就是置身于文化之外,于己无关。

令人欣慰的是,不需要用理论阐述来支持我们的作为,因为这种支持无论如何是不可能的。既然我们从自己的文化中脱胎而出，这就意味着，我们必须跳出自己的皮囊来看我们自己观察事物，来深思熟虑最初制造了我们人类主体的种种力量。我们将仔细审视自己，一如我们并不存在于世。但用这种方式来改善自己的文化是不可能的。我们永远不可能对我们的生活方式展开全面猛烈的批判，因为我们根本做不到。不管怎么说，因为作为人，我们是在特定的文化之内运作的，我们就难以理解这样的全面批判。这种批判将会必定来自完全是我们经验范畴之外的某地，例如来自于一些孜孜不倦地记录我们文化习惯、文化修养极高的斑马。对我们是什么的根本批判，肯定不会对我们有影响。它根本不能和我们日常语言有什么交集。

上述情况在某种意义上令人担忧，在另一种意义上却使人感到慰藉。令人担忧，是因为它表明我们的文化没有坚实的基础。我们珍视普希金或言论自由全属偶然。我们只不过碰巧诞生于倾慕那种价值的体制里。事情也很容易是另一种情形，而在世界的其它地方，也确实是另一种情形。悲伤、怜悯、直角三角形或某个事物的概念是否正确，是否同样为文化上的偶发事件，也许更难确定。当我们认真考虑诸如不该以硫酸干杯来祝彼此身体健康时，文化的影像就开始有点

第三章 通往后现代主义之路

模糊了。我们做的许多事情,是因为我们生来就是人类这种动物,并非因为我们是修女或马其顿人。这个观点,不论从何种角度讲,就是没有任何事物必定要按目前的状况生存。因此,目前的事态,不需要在最深刻的层次上为其做出辩解。

如果这种见解使人感到慰藉,部分原因是它使我们不必从事大量艰巨的脑力劳动,部分原因是要证明我们文化中有许多事情很难证明是正确的。现在还不清楚,根据这一观点,酷刑是否就像打网球,我们只是偶尔为之。即使酷刑是我们不应该所为之事,就像反理论家肯定会同意那样,我们为什么不该实施酷刑的理由本身也是不可预料的。这些理由和人类存在的方式无关,因为人类没有一点点特殊。我们只不过碰巧属于并不赞同将人头长时间摁在水里进行逼供的文化。当然我们认为我们的文化持有这种观点是正确的——但那也是因为我们归属于这种文化。

不会有很多思想家胆敢在这种问题上完全成为相对主义者,并且声称如果酷刑碰巧也存在于你的传统中,那么应该给予支持鼓励。他们大多数人会带着不同程度的勉强和深深的内疚声称:酷刑对有这样传统的人而言也是错误的。如果不得不做选择,大多数人会宁可被认为是文化帝国主义者,而不是残酷的拥护者。只不过对反理论家来说,现实本身对酷刑是值得赞赏还是令人厌恶,不抱任何观点。事实上,现实对任何事物都不抱观点。道德价值,像其它任何事一样,取决于任意的、漂浮不定(free-floating)的文化传统。

然而,因为人类文化并非真的漂浮不定,所以对此不必惊慌。这并不是说人类文化是稳固不移(firmly anchored)。那就会成为不折不扣使人误解前文所说漂浮不定这个暗喻的反面了。只有能被锚泊的东西才能被描绘成自由漂浮。我们不会称一只杯子"漂浮",就是因为它不会被钢条钉牢在桌子上。文化只不过看起来漂浮,是因为我们曾一度认为被铆牢在坚实的地方,如上帝、自然或理性。不过那是幻觉。并不是说它一度正确而现今不正确,而是说它一直都是错的。我们就像一个行走在大桥上的人,突然意识到脚下千尺深渊而惊恐不已。那情况就好像他们脚下土地不再坚实。但事实上,脚下之地依然坚实如故。

这就是现代主义和后现代主义的一个区别。现代主义,或者它是如此想象,已有一把年纪,能记得曾经有一段时间,人类的存在确有坚实的基础;而且还因为这些基础被粗暴地一脚踢开而震惊不已。这就是为什么大部分现代主义具有悲剧倾向的一个原因。例如,塞缪尔·贝克特的戏剧对救赎绝对没有信心,但依然展现了一个似乎急切需要救赎的世界。

第三章 通往后现代主义之路

即使附近没有很好的慰藉，它也拒绝将目光从无法忍受的事物中移开。然而，你稍后就可以通过描绘一个确实不存在救赎的世界来减轻这种紧张，但从另一方面讲也没什么可以救赎。这就是后现代主义的后悲剧领域。后现代主义太年轻，不记得存在过（谣传的）真理、同一性和现实的那段时间，因此不会感到脚下有令人眩晕的深渊。它习惯于脚踏明净的空气，不会有头晕的感觉。与幻想肢体综合症正好相反，似乎是缺失了什么，但实际并没有缺失。我们在这里只不过是骗人的暗喻的囚徒，就好像自己想象的那样，以为世界必须像我们自己站立在世界上的方式那样，也必须站在什么东西之上。并不是我们脚下的纯冰已为崎岖地面取代；地面一直都是崎岖难行的。

我们就像那学步的幼童坚持认为自己需要橡皮奶嘴，必须在又踢又叫中承认，自己不需要奶嘴了。放弃我们比喻意义上的橡皮奶嘴，就是做出重大发现：放弃它绝对没有改变什么东西。只要我们能接受这一点，我们就会变得彻底的后形而上学，因此也就自由了。然而，正如尼采告诫我们的：我们杀死了上帝，藏起了遗体，我们的举止还要坚持表现出他似乎还活着的样子。后现代主义敦促我们承认，在基础的轰然坍塌中，除了锁链，我们不会失去任何东西。我们现在能做我们所想的事情，不用手提着许多笨重的玄学行李，四处奔波来解释它。交出了行李之后，我们的双手就自由了。

然而，像费希和罗蒂这样的反理论家似乎也许已经用另一种基础锚代替了这一种基础锚。现在是文化，而不是上帝或自然才是世界的基础。诚然，文化并非那么稳定的一种基础，因为文化要变迁，而且文化种类繁多。但当我们确实身处一种文化之内时，我们无法在它之外仔细观望，所以我们感觉文化就像是基础，犹如理性是黑格尔哲学的基础一样。确实，如果我们能够置身文化之外来观望，我们能看见的东西的本身将由我们的文化来决定。因此，文化就是一条高低不平的底线，不过它依然是底线。文化可以在这里寻根问底。我们不是自然而然地行事，而是依照文化行事。我们不是追随自然，而是追随文化。文化是一整套自发的习惯，扎根之深，我们甚至都无法检验它们。这样的特性，加上别的问题，很方便地使文化免除了批评。

也许我们能对我们最深层的承诺冷嘲热讽，承认这些承诺的主观武断，但这嘲讽并没能真正松懈这些承诺对我们的掌控。嘲讽不像信仰那样被大多数人接受。因此，文化就变成了新的自然，它和瀑布一样，不会受到质疑。使事物自然化，让位给了使事物文化化。无论发生哪种情况，它们都

第三章 通往后现代主义之路

开始显示出事情必然如此。因为在精明务实、圆滑世故的时代，每个人都已经看穿了"自然化"的策略，那你就需要有不同的、更加时髦的方式，来给自己的生活方式提供合法性。而这就是文化的概念。如果文化是在一定条件下产生的，那么它们永远可以改变，但它们不能整体地改变，而且我们改变它们的理由也是在一定条件下产生的。

我们怎么来解释这个论点？很有可能，一些文化习惯，如想象时间向前流淌，或者认为他人也是人，在我们心中根深蒂固，以至于我们无法不顾这些习惯来思考我们自己。但如禁止不穿晚礼服的顾客进入热狗摊或拒绝豁免穷国的债务这样的文化习惯就不是一回事。一些反理论家的花招就是使这两种情况看起来一模一样，这使得我们看起来就像不能脱离"北约"一样不能脱离自己的身体。反理论主义的另一策略是声称，为了发起对我们文化的根本批判，我们需要站在我们文化之外某个不可能的阿基米得点上。这种观点没能理解，对我们的处境进行批判性反思，正是我们处境的一部分。这是我们属于这个世界的特殊方式的一个特点。这不是我们想审视自己、而自己又不在场的某种不可能的尝试。反躬自省对我们就像宇宙空间弯曲或像海浪有曲线一样自然。它不需要我们跳出自己的皮囊。没有这样的自我监控，作为一个物种,我们本不可能生存下来。

事实上,这就是我们和其它动物伙伴分道扬镳的一个重要方面。不管我们之间有什么相互类似之处。这并不在于人能阐释世界,而其它动物不能解释世界。所有对现实的感官反应都是对现实的诠释。甲壳虫和猴子很清晰地解释它们的世界,而且根据它们所见来行动。我们的感官本身就是解释的器官。我们和我们的动物伙伴的区别就在于我们能反过来诠释这些解释。在这个意义上,所有的人类语言都是元语言。它是对我们躯体"语言"(感官"语言")的第二层反思。

文化理论夸张语言的作用(知识分子天生的缺点,正如小丑普遍患有忧郁症一样)倾向于要贬低的正是这第二层反思。这第二层反思,在最粗略时滑向下面的观点:语言和体验无法分离,似乎没有婴儿是因为饥饿才啼哭的。婴儿所缺的不是饥饿的经验,而是通过符号化的行为,将这种经验置于一个更广泛的背景下,来加以确认的能力。这种能力只有通过文化,才能为婴儿所得。语言带来的,正是这种文化。甚至当我掌握语言时,我的感官经验依然代表着一种对语言的过剩。身体不能像语言还原者想象的那样化约为意义。人类事务这种对语言作用的夸大,可能源自下列事实:从传统上来看,哲学家是单身的大学教授,没有养小孩的经验。英

第三章 通往后现代主义之路

国贵族，从总体来说，喜欢猎犬和马匹甚于喜欢人类，在夸大语言作用者的行列中，他们从来就不是重要角色。

我们能够言之成理地声称，婴儿在会说话之前就具有信念，并在理性的基础上行事。[①]他们不能做的，是给自己提出道德问题，诸如他们的信念是否正确，或他们的理由是否站得住脚。只有会用语言的动物才是道德动物。婴儿和非洲食蚁兽能够向往他们认为好的东西，但他们不会想到要追求美好的东西。即使这样，婴儿似乎能认识、分辨、调查、重新识别、分类。所有这些并不借助语言之力。因此，人们也能声称，非人类动物也具有此等本领。非人类动物表现出它们似乎具有信仰，这并不等于说，它们是社会民主人士或正统派犹太教徒。有些海豚能区别分辨"把冲浪板带到飞盘那儿去"和"把飞盘带到冲浪板那儿去"，一种甚至连某些世界级领导人都感到困难的活动。

反省，然后——诠释我们感官的判读——是我们人类自身的一部分。自省可以以彻底的批判精神来进行。彻底批判自己所处的环境，不需要你脱胎换骨。并不是一定要置身于玄学的外层空间，才能认识到种族歧视的不义。站立在玄学

[①] 见阿拉斯代尔·麦金太尔，《依附的理性动物》，伦敦，1999年，第四章。

的外层空间,这正是你不愿意认可种族歧视的不义行为的地方。相反,我们可以利用我们文化中的许多东西来进行反省。反理论主义者犯下的错误便是把文化看作多多少少具有一致性。因此,有些文化批评不是出自于外部,就是出自于内部。外部的批评远离正题或难以理解;内部的批评,则不够彻底。但文化有不同和矛盾的组成部分,允许我们对其他部分进行批评。根据西方生活方式来行事,可能意味着在[伦敦的]皮卡迪利大街上匆忙地设立路障,也同样可能意味着在那里拆毁路障。如果果酱黄油烤饼,奶油代表着一种英国文化传统,20世纪初英国妇女争取有参政权就代表着另一种。我们无法完完全全地逃避我们的文化是个好消息,因为,要是我们能逃避,我们就不能将它提交评判了。

　　同样,对比两种文化并不意味着没有自己的文化观点。众多文化能够超越自身远眺的事实,就是文化之所以为文化的部分事实。文化的事实就是它们的疆域相互渗透、难以区别,更像地平线,而不像通了电的铁丝网。我们的文化认同,能够渗透出去,正是因为它们本身是文化,而不是讨人喜欢的奖金或让人厌恶的血崩。当然,将一种文化翻译到另一种文化困难很大,但你并不必站在某个想象中的欧米茄点,才能翻译,就如同将瑞典语译成斯瓦希里语不必求助于第三种语言一样。置身于一种文化之内不像身陷牢房，而更像身处一门语言。语言从内部向外部世界开放。置身于语言之内就是置身于世界，而不是与世界相隔绝。

于是，反理论家认为的重点，就是继续我们所做之事，不去理会所有关于理论的烦心的抱怨。我们应该忘却"深刻"的合理性：深度是我们自己放在那里，而后又不出所料地对其充满了敬畏的东西。我们真的不能再以某种玄而又玄的空谈为我们的一些做法自圆其说。但这并没使得这些做法变得岌岌可危。因为那些责备我们的人也不能使得这些做法变得岌岌可危。因此，就这样深奥的谈论而言，我们还不如宣布休战。哲学成了反哲学，对某些现代哲学家而言，思考正在做的事情将会严重损害我们的思维能力。其不明智犹如跨栏比赛时去思考两条大腿的生理结构。反省自己在干的事情，对在跨栏的人而言，很可能是危险的。但对因思考而得到高薪的人而言，这却似乎是个奇怪的结论。

然而，对尼采和弗洛伊德来说，作为人类，我们只能通过压抑我们在成为人类过程中的许多事物，才能生生不息。反理论是我们的本质，哪怕我们需要理论来揭示事实。过多的压抑，肯定会使我们生病，但对这一极端的反浪漫主义观点来说，压抑本身并不是灾祸。我们讲话、思考、行事少不了它。只有通过自我遗忘,我们才能成为自我。失忆而不是记忆,对我们才是自然的。只有对大部分构成自我的东西视而不见,自我才能成为自我。要想创造历史,我们首先需要尽力忘记进入我们制造业那肮脏、血迹斑斑的家谱。从另一种意义上讲,这种观点是足够浪漫主义的:智力就是自我冲动的死亡。对自己周围的世界反思过于敏感,就像哈姆雷特发现的那样,会阻碍行动。或者,将这种情感转换成反理论案例隐匿的那部分:如果我们对我们生活方式的基础发生质疑,即对构建我们文明基础的野蛮状态考虑太多这一点上来说,我们可能不会去做所有好公民都应该自发地去做的事情。

从1965年到1980年这一时期,绝非是20世纪欧洲革命文化思想的第一次爆发。尽管这一时期令人激动,但在20世纪早期横扫欧洲大陆的现代主义革命思潮面前,它就黯然失色了。如果还想选另一个更为著名的、改变了欧洲文化的十五年,1910—1925年倒也是个选择。在这短暂的岁月里,欧洲的文化被粉碎后得以重铸。这是普鲁斯特、乔伊斯、庞德、卡夫卡、里尔克、托马斯·曼、T. S. 艾略特、未来主义、超现实主义以及更多主义出现的时期。和60年代一样,这也是剧烈的社会变革时期,尽管其后期无法和前期的

第三章 通往后现代主义之路

战争、革命和社会动乱同日而语。如果说60年代至70年代左翼起义此起彼伏,而先前那个时代则见证了历史上第一个工人政权的诞生。如果说六七十年代是殖民地革命的年代,1910—1925年最引人注目的则是历史所经历的帝国主义之间最大的战火。

现代主义反映了整个文明的崩溃。为19世纪中产阶级社会服务得如此出色的所有信仰——自由主义、民主、个人主义、科学探索、历史进步、理性的最高权威——而现在都处于危机之中。技术上的突飞猛进与普遍的政治动乱相伴而行。要相信这个世界有着内在的秩序,也变得逐渐困难。相反,我们在世界上所发现的秩序,是我们自己安放上去的。它曾经把这种秩序看做天经地义的,艺术上的现实主义,开始变形和崩溃。自从文艺复兴以来一直春风得意的一种文化形式,现在看来已迹近于精疲力竭。

在所有这些方面,现代主义预示着后来文化理论的爆发。事实上,文化理论首先就是现代主义通过其它方式的沿袭。到了1960年前后,现代主义的伟大作品开始失去了其激荡人心的力量。乔伊斯、卡夫卡被迎进了大学的教学大纲,而现代主义绘画则成为有自尊心的公司绝不能放弃的有利可图的商品。各阶层的中产阶级蜂拥进入音乐厅受到勋伯

理论之后

格的调侃而感到愤慨；而贝克特僵硬、羸弱的人物则出现在伦敦的舞台上。布莱希特不再被视为异己。大量法西斯主义的同路人政治上得以撇清。T. S. 艾略特以实验著名，被授予了声名卓著的功绩勋章。支持现代主义运动异议（dissident）的冲动在各处依然存留，一直持续到晚近的超现实主义和境遇主义（situationism）。但作为一个整体，现代主义的颠覆性已是强弩之末了。

那种异议的冲动需要转移到其它地方，文化理论正是它的安身之处。巴特、福柯、克莉斯蒂娃和德里达那样的作家确实是喜欢哲学而不是雕塑或小说的后现代主义艺术家。他们有着现代主义伟大艺术家的些许天赋和批评传统信仰的力量，同时也继承了那些批评家睥睨一切的气质。概念和创造的界限开始模糊了。这就是天赋想象力较弱的哲学家为什么连指责这些思想家都做不到的一个原因；他们不能识别那些思想家论述的也是哲学。这真是怪了，因为哲学——给这学科一个尽可能严格的定义——意味着以某些方式来论述某些事情。时间是哲学合情合理的话题，但普鲁斯特并不以适当的方式来谈论时间。在大家看来，死亡并不是哲学的合理概念，但如果你用唐纳德·戴维森而不是马丁·海德格尔的语言来讨论死亡，死亡就有可能成为哲学的合理概念。

第三章 通往后现代主义之路

个人认同目前正巧是有分量的哲学主题，但苦难不是那么适当的话题。此外，这些法国思想家政治上明显地左倾，而正统的哲学家没有任何政治观点。换言之，正统的哲学家观点保守。

那么，文化理论为什么废黜了文化实践？一个答案就是因为那种文化实践，已经以高雅的现代主义艺术的形式存在了。没有任何事会两度发生，就是因为它已经发生过一次。20世纪欧洲的主要艺术，是现代西方文明危机对文化生活撞击所造成的第一次创伤的成果。一旦撞击产生后，很难再重新感觉它冲击力的即时性（immediacy）。要第二次挖人的墙脚也不容易，除非你生活在圣安德列亚斯断层。我们习惯了忍受绝对价值的丧失、进步是神话的信念、人类的理性是幻觉，我们的生活是徒劳的激情。我们早已习惯于焦虑不安，并已开始不再接受约束。

在任何情况下，这些观点的全部丑恶只是在传统的、相对稳定的文化背景下才能显现。那是在1920年依然可以察觉、但到了1970年却在迅速消失的背景。到后现代主义渐露端倪之时，这样一个背景的记忆几乎已是荡然无存了。随着资本主义企业脚步的加速，不稳定、动乱、邪恶、煽情成了司空见惯之事。它们并不特别令人讨厌，因为没有标准来衡量它们。它们似乎并不能和家庭壁炉所表现的价值形成明显的差异。壁炉是家庭感受电视的邪恶、动乱和耸人听闻的地方。

现代主义,就像20世纪60年代和70年代的文化一样,很自然地认为就谁在文化界当权而言,现实主义依然占据主流地位。确实,它已经证明自己击退了所有的竞争者,成为西方历史上最具有适应能力的文化形式。这表明,它的一些根至少是深深地扎在西方精神之中。能反映世界,而你又能在其中认出自己的那种艺术,才堪称宝贵。很难说为什么这被认为宝贵。与这答案关系更大的是魔力,而非美学原则。要解答在凝视香蕉的形象时——这香蕉在每个方面看上去都只是香蕉,我们为什么会感到孩子般的喜欢,殊属不易。

因此,现实主义就是新运动全力要瓦解的思潮。但新运动在艺术和思想上的实验达到了那种程度依然依赖于现实主义。除非我们通常看到的是非立体派的油画,否则我们不会认为立体派图画引人入胜。不和谐音依存于和谐感。在某些方面,现代派对现实主义的攻击是失败的。到了1930年代,现实主义再次成为主流。在20世纪60年代和70年代,新文化理论借现代艺术的援助,再次英勇地努力地想把现实主义赶下台。然而,这次攻击在很大程度上失败了。但是没

第三章 通往后现代主义之路

人预料到，西方文明正处于走向非现实主义本身的边缘。现实本身现在已经欣然接受非现实主义派，正如资本主义社会在其日常的运作当中，越来越依赖于神话和幻想，虚构的财富、异国情调和虚夸不实、巧言辞令、虚拟现实以及纯粹的外表。

于是，这就成了后现代主义的根源之一。后现代主义，当它的重点不再是取得这个世界的有关信息，而作为信息的世界之时，就顺利地诞生了。反现实主义突然不再是理论问题。你怎么可能用现实主义的措辞，来表现组成当代社会那巨大而隐秘、纵横交错的通讯线路和那往返不断、吱吱的信号传递之声？如何来表现星球大战或生物战中百万人死亡的场景？也许没有人能生存下来表现或被表现之时，表现的结局就来临了。激进的现代派曾试图抹平艺术和生活间的差别。现在看来，生活为他们做到了这一点。但是，尽管激进的现代派心存诸如在工厂的院落里通过麦克风来朗诵诗歌这种念头，后现代主义者心里的大部分事情则是广告和公共关系之类。现代主义的一股左翼支流试图重新发明更多的异端方法，将文化融入社会生活，但鲜有能与政治闹剧的生产或真人真事的电视节目相匹敌者。猛烈攻击固定的价值等级，轻而易举地融入了彻底敉平所有价值差异的众所周知的市场。

现代主义的感情氛围和20世纪60年代的感情氛围大不相同。两者都沉浸在与突然爆发的现代化相连的兴高采烈和热情洋溢之中。大规模现代化对先前传统社会做出了令人惊讶而又兴奋的撞击，现代主义作为一种文化运动，首先就是那种撞击的反应。这就是为什么英国唯一现代主义的土生土长的重镇（相对于被引进）会出现在文化上执传统之道、政治上风云激荡、新近正在实行现代化的北爱尔兰的一个原因。即使很大部分的现代主义猛烈地批判那些革新势力，它依然理解这些力量的轻松乐观和生机勃勃。然而总的说来，现代主义时期的气氛焦虑而痛苦，60年代的气氛则是气定神闲。现代主义担忧不已的，是文明崩溃那末日来临的景象。而20世纪60年代则往往欢呼着迎接这一景象。只不过后者预示着末日来临的一些梦幻是由毒品引发的。

现代主义和文化理论都是国际性运动。两者都鄙视地方观念，不是鄙视精神空间，就是鄙视物质空间，典型的现代主义艺术家背井离乡、移居国外。后来一些最杰出的文化思想家也是如此。就像革命的工人阶级，现代主义艺术家不承认祖国，穿越国界就如他们从一种艺术形式，一个小集团，一个宣言滑到另一种艺术形式，加入另一个小集团，发表另

第三章　通往后现代主义之路

一个宣言那样易如反掌。他们聚集在某些使用多种语言的国际性大都市，在艺术中而不是在民族国家里建立了家庭。那样，他们那种真正的祖国和民族传统的缺失就得到了补偿。现代主义是个混合物，它将各种各样的民族文化碎片糅合在一起。如果传统世界现在已经支离破碎，如果每一个人的身份都由杂烩拼凑而成，现代主义者就会从那个历史必然中拉拽出艺术家的美德，像波德莱尔的捡破烂人那样，在坍塌的意识形态的废墟中，寻寻觅觅、随机应变，以创造一些奇妙的新作品。

同样，文化理论后来席卷语言学、哲学、政治学、艺术、人类学等等。它一路前行，打破传统的学术阻碍，成了图书馆编目人员的噩梦。"结构主义"、"理论"、"文化研究"就像上一辈的"存在主义"，仅仅只是临时路标。和存在主义一样，新的文化观念涉及日常生活，以及学术、品味、情感、社会价值观和道德议题的深刻变化。同时，理论冲垮了大众文化和少数民族文化的大坝：你可以尝试着用结构主义的方式去阅读《大力水手》(*Popeye the Sailorman*)，也可以欣然地用结构主义的方式去阅读《失乐园》。然而，就像高雅的现代主义艺术，理论对大众文化的处理一开始就是由上而下的。不管是 T. S. 艾略特论音乐厅或是罗兰·巴特论摔跤。两场运动都降尊纡贵，论及了通俗，而又不损害自己的气质。这里突破的标志，正是后现代主义，因为理论和艺术两者明显地变得没有阶级区别和便于消费者理解。那些早先梦想一个没有阶级的社会秩序的左翼理论家，只要一睁眼就能看到这种社会秩序早已到来，这就是众所周知的大型购物商场。

  这两个时期，也都是精神走极端的时期。男女众生，就像语言和艺术形式，只有被挤压到极限，才会暴露自己的真面目。在要求自己的权利时，为什么不同时要求其他的一切？为什么和过时的形式妥协，把新酒倒入旧瓶？这并不仅仅是思考新的思想问题，而是我们思维的框架需要打碎和重塑。这也不是产生新文学或新哲学的问题，而是要发明全新的写作方式。像马丁·海德格尔、特奥多尔·阿多诺、雅克·德里达这样的哲学家只能通过创造新的文学风格，冲破诗歌和哲学之间的界限，才能表达自己的想法。你不得不使用概念，但同时也得指出概念的局限，强调它们的界限，施加内压，使它们突然崩溃；这等同于现代主义的反讽。从政治上来说，你得构造一种新的人类，这类人不仅愿意不再实施暴力和剥削，而且在体力和道德上也无力实施暴力和剥削。整个世界都在濒临毁灭而颤抖，坚守自己那不可能实现的欲望会使你发疯。过去一笔勾销，现在就是永恒，而未来已经

第三章 通往后现代主义之路

登陆。

尽管这两个时期都迸发出了一连串的观念，这些观念都对人类理性抱有深深的疑问。现代主义通过转向异国情调、原始质朴、古代风格和无意识，对头重脚轻的维多利亚时代的理性主义作出了反应。真理要在内脏和生殖器而不是在头脑中才能感知。动物的率性而为就是最近的大脑智力实验。尽管它呈现出自我意识的现代性，这却是个充满神话，因血腥和污秽而令人生厌的时期。D. H. 劳伦斯这样的人物，因为颂扬邪恶的众神，在此堪称现代主义的典范。我们凝视着历史古老的形象——那相似于绝对非存在的乌托邦的历史——会被倒推回来，进入未来。

20世纪60年代也转而崇拜使人感觉愉快的幻觉，以及原始质朴、东方情调的虚假形式。一种表情木然的纯真四处蔓延。知识分子对全然无知的价值发表深奥难懂的演讲，而日益年迈的嬉皮士则在海德公园裸舞。精神分裂症患者被宣布为意识新形式的先行者。男男女女虔诚地相信开拓思维的好处，但用的不是维吉尔的诗篇，却是毒品。在这两种情况下，有时候很难区分理性创造性的挑战和背时的非理性主义。是你需要一种全新的意识，还是说意识本身就是问题？逻辑是统治阶级的阴谋？J. 利奥塔宣称；"我们想摧毁资本，并不是因为它不理性,而正是因为它理性。"[1] 在这两个时期,出现了知识向简朴的乡村生活或无意识的模糊深处,向着热带岛屿、具体派诗、直白袒露的感觉或迷幻影像的逃避。反思是问题,而不是解决问题的方法。

20世纪60年代和70年代见证了许多高度复杂的理论;不过具有讽刺意义的是,其中许多理论是出自对无法理论化的东西的迷惑。从整体来说,理论重视的是无法思考的事物,而不是可以思考的事物。人们所需要的是理论之外的理论。如果概念属于现今堕落的语言,那么能逃避概念所钳制的任何东西,都可能让我们一瞥空想的完美境界。欲望、差异、身体、无意识、愉悦,流动的能指:但理论受尽折磨却又感到受虐的欣喜,所有这些最终使理论感到困惑,然而要承认这一点,需要严密的思考。只有敏锐的思想家才能探索思想的局限。理论是一种顺势疗法,利用反思以便我们能超越它。但这又与后来的反理论家那平庸之辈的沾沾自喜不同,这些反理论家对理论家的忠告可以用理查德·罗蒂朴实的告诫来概括:"不痒的地方就不要去挠。"

最后,现代主义和"高雅"文化理论所享有的共同之

---

[1] 引用安德森,《后现代主义的起源》,第27页。

第三章 通往后现代主义之路

处,就是它们多方面的进取性。两者都敢于进入危险地带,敢冒风险提出极其重要的议题。新的概念得以形成,新的方法得以拟定。这些作家的探索范围囊括了政治和性欲、语言和文化、伦理学和经济学、心理和人类文明。今天的文化理论更谦虚些。它厌恶深度的观点,也被基本原理弄得很尴尬。它在普遍性观念前不寒而栗,也不赞同炫耀的概述。总之,它认为这样的概述只是让人难以忍受。它相信地方性、实用性、特殊性。令人啼笑皆非的是,在这样的信仰中,它和自己所痛恨的保守主义的研究也相差无几。而后者同样只相信自己的所见和所能处理的事情。

然而,还存在着更深层的反讽。就在我们开始从小处着眼之时,历史已开始从大处着手。"本土化行动全球化思考"已经成为耳熟能详的左派口号;但我们生活在这样一个世界中:政治上的右派在全球行动,而后现代主义左派只思考本土的问题。随着资本主义全球化的宏大叙事以及随之而来的破坏性反应席卷全球,宏大叙事在许多知识分子停止进行政治思考之际引起了他们的注意。面对政治上的死敌,而且还是坚持基要主义的敌人,西方世界毫无疑问会被迫更多地反思其文明的根基。

不过,在哲学家带着一开始并不存在文明的基础的消息

理论之后

匆匆赶来之时，西方世界必须反思。坏消息就是皇帝没有穿衣。因此，西方世界需要提出其生活形式合乎情理、听来具有说服力的说法。就在同时，悠然自得的文化思想家正在使西方确信这样的说法既没有可能，也没有必要。在后现代主义思想已对真理和现实产生重重疑虑时，西方世界可能被迫反思其生存的真情实况。简而言之，在一个不断变得更肤浅的时代，西方世界需要听起来使人感到深奥。

不可避免的结论就是，文化理论必须重新积极进取地思考，这并不是为了能给予西方世界的生存以合法性，而是为了能够寻求理解它深陷其中的宏大叙事。然而，在我们检查这句话的意义之前，我们需要起草一份文化理论迄今为止的得失平衡表。

第四章　失与得

对一些文化理论的批评者而言，文化理论这个概念本身在用词上就自相矛盾，就像"法西斯主义知识分子"或"阿拉巴马高级法国厨艺"。文学和艺术的全部特点在于它们的特殊性。文艺作品都是一些鲜活的经历，而并非抽象的教条。这些作品赏心悦目、精致优美，是独一无二的个体。抽象概念难道不就是把这些都消灭于无形吗？艺术理论难道不正是像发展皱眉或拥抱的科学？你不可能发展出个体的科学。昆虫学家研究昆虫的习性，但他不会仅仅研究某一只蜘蛛而不研究其他昆虫。理论是笼统的而文化则是具体的。即使我们从更广的含义来看文化，将其看作某一群人就他们的处境进行象征性理解的方式，我们仍然还在谈论其生活经验。很难看出怎样对此发展出一种理论。

事实上，所有关于艺术的言论都很抽象。在这方面，文化理论也不例外。人们可以谈论诗歌的语气由沮丧转变为抒情般的狂喜时那令人难忘的方法,但这样做就成了抽象谈论了。"象征"这个词如同"能指"一样抽象。这只不过大多数人熟悉前者而不熟悉后者罢了。许多所谓的普通语言都是我们已经忘记了的行话,"角色"与"独白"已不再是行话,而"阶级斗争"与"家长制"仍是行话。"女王陛下"是行话,但对于英国保皇党者来说却又不是行话。"继发性癌症"对发型师来说是行话,而对外科医生来说就不是。行话十之八九指的是那些你碰巧不赞同的观点。《泰晤士报文学增刊》的一位前编辑曾非常认真地声称,每次碰到诸如"话语"(discourse)之类的词,他都会用蓝笔将其画出,而对他之前的编辑来说,也许"蒙太奇"与"神经质"之类的词也是行话,对再早些时候的编辑来说,行话也许还包括"进化"与"社会学"之类的词。

不管怎样,认为所有艺术都具有鲜明的特殊性这种假设是最近几年才出现的。尽管这种假设喜爱特殊性,却很奇怪地自命为普遍真理。直到18世纪末,艺术才得以如此定义。塞缪尔·约翰逊认为特殊性枯燥乏味,普遍性令人振奋。维吉尔、欧里庇德斯、但丁、拉伯雷或莎士比亚,绝不会从这种角度来看待艺术。确实,他们不可能有我们现在对艺术的概念,在一些情况下,他们可能根本没有艺术概念。我们现

第四章　失与得

在理所当然认为的艺术概念也是二百年前才发现的。这期间,艺术概念也并非没有经受挑战,该概念出现约一百年后,受到了现代主义运动的猛烈抨击。

的确,我们可以误引一下乔治·奥威尔的话,即所有语言都是抽象的,其中某种语言比其他语言更为抽象。但这并不一定就是理论与谈论艺术和文化其他方式之间的差异。塞缪尔·泰勒·柯尔律治与T. S. 艾略特通常并不被视为"理论家",但是他们的作品有时却如同雅克·德里达的作品一样抽象。你可以写一段叙事的大致概要,或一个词组的纹理质地;这些都是可以接受的行话,而其他的一些谈论艺术的行话则不可接受。的确,这类可接受的行话是当代批评的鲜明特点与行内通用的语言。从悉尼到圣迭戈,这种语言马上就可以识别出来,如同共济会成员一眼就可识别弯曲的手指一样。如今,成为一个文学批评家就意味着要学会流利运用这种语言。

若"诠释现象学"算是行话,那么码头工人和发动机维修人员工作时使用的语言也是行话。若猪倌觉得律师的话十分晦涩,律师也会觉得猪倌的话十分难懂。有时候我们需要行话,有时却需要日常语言。如果医生问我们肚子怎样了,我们不会介意,但要是在病历上写"肚子有点痛"之类的话,我们对他职业能力的信心估计要打折扣了。如果艺术批评家这样写：在画布中央有一种很好看、有趣的红色小东西，我们就会怀疑花费在她教育上的公共资源是否值得。我们不想水手谈论摇动曲柄把救生船放下去要用什么东西。生活中，很多情况下当我们知道所说的东西时我们会感到不快。"靠左点，再滑翔一会儿"。不是我们要想听到的机场塔台指引我们机长的话。

尽管如此，"在这目的论列入地理学计划的世界中，爱好者原本就初具规模的准概念不能从理论上说明其功能完全冻结。"如果杰出文学理论家写出诸如上面这一类话，也是不可原谅的。在幼儿园，用连字符号把单词划分开来，是为了更好地理解单词，但这里这种荒谬的矫揉造作却适得其反。这种术语是部落成员的标志，如同口袋里显眼地放着的听诊器是内科医生的标志一样。并非仅仅是劳苦大众不能理解那些句子，大部分非劳苦大众的知识分子也不能理解。有时我们甚至怀疑，那些写这些句子的人本身也是一知半解。写这一类句子的人不在乎别人能否理解。作为一个从事文学研究的人，一个首先有着某种语言的禀赋和感觉，并因而得到报酬的人，写出这样的句子，就好像是近视的眼镜技师或极度肥胖的芭蕾演员。尽管摇滚歌手及足球明星需要人捉笔

第四章 失与得

代写，以使自己听上去显得更聪明，口才更好，这类作家需要捉笔代写者把文章写得更愚蠢更幼稚。

并非所有理论家都写得如此拙劣。事实上，有些理论家，包括特奥多尔·阿多诺，罗兰·巴特，米歇尔·福柯，詹明信，都跻身于我们这个时代最伟大的文学风格评论家之列。文章可以难懂，但不可以晦涩。难易是对文章的内容而言，而晦涩则涉及表现内容的方式。的确，有些概念，特别是自然科学概念，不可能简化到人人都懂。并非所有的智慧都是朴素自然的。"所有伟大艺术的秘诀就是朴实无华"这明显是胡扯。有可能把艰深的内容写得明白晓畅，有些理论家也有可能一意孤行、刚愎自用，将明了的内容写得艰深晦涩。

激进的文化理论一意孤行地艰深晦涩，这就让人觉得特别可耻。这并不是因为只有使用较短的词，这些理论才会为广大劳动人民接受。它可耻是因为整个文化理论的概念在本质上是民主的。在过去那段糟糕的日子里，人们假设文化是与生俱来的，如同疟疾和红血球一样。无数代的教养使得一位绅士能立即分辨出生动的隐喻与陈腐的隐喻。文化并不是人们可以学到的，如同我们不能再获得一对眉毛，或学会怎样勃起一样。礼仪是自然而然产生的。你对司汤达与伦勃朗的评价会像打喷嚏一样自然，会像给年长的妇女开门一样出自本能。我们所见的、大约产生于茂密民主丛林的60年代的理论，却持相反观点。为参与讨论文化，你就得学会某些讨论方式，而并不是在门外拴几匹纯种马。那些讨论方式原则上对任何人都是开放的。

没有一个外行人打开一本植物学教科书，会因为不能马上看懂而怒气冲冲地合上书。艺术和文化至少与植物生命同样复杂，关于它们的谈话如果马上就能为人所理解，那倒反而很奇怪了。但是有很多人，他们觉得植物学难懂不足为奇，但一件雕塑或小说的解释令人费解，就会有点生气了。这原因很有趣。艺术与文化处理的是"人的"问题，而不是"技术的"问题，即处理爱、死、欲望，而不是处理侵权法或十足目动物的器官结构。毫无疑问，我们都了解"人"。其实，这种区分相当靠不住。对亚里士多德来说，做人从某种意义上来说，是技术性事件，正如对托马斯·阿奎那来说是爱，对弗洛伊德来说是欲望，而对殡葬业者来说则是死亡一样。在艺术这个案例里，区别"人的"与"技术的"绝非易事。

然而，从原理上看，艺术似乎人人能懂，而在某种程度上了解十足目动物的生理结构却比较难。事实上，有些关于十足目动物的论文很可能比乔伊斯的《尤利西斯》或保

第四章 失与得

罗·策兰（Paul Celan）的诗歌要容易理解得多。随着现代主义的发展，艺术语言开始与日常用语分道扬镳，其方式无疑会使乔治·艾略特大感惊讶。人们说话的风格有时会像《亚当·比得》，但没有人会像《芬尼根守灵记》。然而，随着后现代主义的发展，这两种特殊用语又逐渐靠近了。媒体语言与许多文化语言又一次成了日常用语。这又增强了下列信念（这个信念本身比后现代主义要古老得多）即：艺术是人类共同关切的事物，用非共同语言来谈论共同关切有些自相矛盾。

这明显是个错误，与人人相关的问题并不一定简单。肝、肺对人很重要，但医生们谈论它们的时候却相当玄奥。他们做一些细微的区别，描写一些我们日常用语并不需要的复杂过程。道德也属于人类共同关切，但怎样才算生活得好，这一问题很难回答。为了探索这个问题，道德哲学必须开发该领域专用的语言形式。讨论神经症与政治状况也是如此。就神经症而言，有趣的是，少数已渗透到街头巷尾的理论主体之一竟是精神分析学。令人难以置信的是，这极度深奥的理论竟成了普通的街谈巷议。诸如"自我"、"恋母情结"、"力比多"、"妄想症"与"潜意识"之类的词语已成为日常用语的一部分，而"意识形态"、"商品拜物教"与"生产方式"

理论之后

则还没有。

"为什么会这样？"这个问题本身值得研究。在一定程度上，也许是精神分析的语言极其怪诞，能产生轰动效应，使得公众为之神往，而马克思主义与符号学的语言并无此等效果。晦涩的行话变成千百万人的普通语言的另一显著例子是神学语言。"恩典"、"圣礼"、"三位一体"与"原罪"并非简单术语，但都毫无疑问是日常用语。如果这些如此复杂的概念与生活相关，普通人在理解时不会有任何困难，正如当人们的工资袋都成了问题时，他们不会觉得复杂的经济学难以理解。

我们对用日常用语讨论大家都感兴趣的话题已习以为常，报刊出版物就是很明显的例子。同时对用专业语言，如养鸽爱好者或施虐受虐者的术语，来表达少数人感兴趣的话题，我们也习以为常了。更令人窘迫的是，听到有人用专业性很强的语言来表达大家都感兴趣的话题，这会使人感到气馁，因为它使我们觉得应该能够懂得这种语言而事实是我们不懂。用专业化的方式来谈论大家都感兴趣的话题，并不是对古典知识分子角色的反面描述。我们这个时代的情况是："文化理论家"已成了过去人们所熟知的知识分子的新称谓。现在，"文化"成了我们像知识分子在全盛时期一直大声疾

第四章 失与得

呼那样提出敏锐而带根本性问题的场域之一。

情况并非总是如此,从历史角度来说,知识分子的角色已从一个领域转移到了另一个领域。他们必须找到一种特定的语言,用以提出有关人类的更普遍、更基本的问题。他们在寻找我们可以称为元语言的东西,借助元语言,他们可以同时谈论关于政治、伦理学、形而上学诸学科的问题。元语言可能是什么,会因时因地而改变。有时,一个学术主题给知识分子提供一个暂时的栖身之处,有时提供栖身之处的则可能是另一学术主题。但他们迟早会发觉自己被粗鲁地驱逐了出来,就只好寻找其他归宿。

曾经有一段时间,知识分子就在神学——所谓的人文学科女王——中安营扎寨。神学很方便地将伦理学、政治学、美学、形而上学、日常生活与最终真理联系了起来。这样的布局,直到神学成为人文学科声名狼藉的女王后,才告结束。接下去的时间里,正是哲学提供给了知识分子栖身之地。事实上,在哲学还没有降格为枯燥语义学的欧洲文化中,哲学仍然还是知识分子的栖身地。19世纪知识分子最显著的领地当属科学。在现在,自然科学是人类知识的典范,其含义远远超出了物理世界的自然。科学的影响深入到了伦理学、社会学、神学、哲学、文学等等学科,从而成了知识分子可以安顿下来的繁忙通衢之地。如果伏尔泰和卢梭是18世纪知识分子的典型代表，那么达尔文和赫胥黎则在接下来那个世纪里，把知识分子典型的作用发挥得淋漓尽致。19世纪同时也诞生了一批所谓的博学之士，他们的任务是往来于一些专门的知识领域，并从广义的道德、社会责任、人文主义等方面来评判那些知识。这些知识渊博的票友（dilettante）如果想以批评谋生，必须精通一个领域以上的知识。19世纪还见证了社会学与人类学的发展，这些新学科预示着提供一种元语言。

只有在这里才能发现古典知识分子的本质。知识分子并不仅仅是褊狭的专家。事实上，对知识分子最简洁的界定是：知识分子是学究的对立面。让-保罗·萨特认为，核科学家只有曾在反对核试验的请愿书上签字后，才能称为知识分子。知识分子关注的是思想对整个社会和人性的影响。因为他们探讨的是关于社会的、政治的和形而上的基本问题，他们必须熟谙诸多学术领域的内容。举个例子，可以在雷蒙·威廉斯，苏珊·桑塔格，于尔根·哈贝马斯，朱丽娅·克里斯蒂娃和米歇尔·福柯这样的作家身上贴上怎样的学术标签呢？并不存在什么明确的词语可以用来形容像他们这类思想家，这也是"理论"这个相当模糊的字眼会存在的原因

第四章　失与得

之一。很难将他们的工作加以归类这一事实，则是理论这个词汇的核心意义。

票友性质（amateurism）在这里带有明显的危害。知识日渐变得复杂和技术化，这就需要思想家摆脱学术上的短浅目光，来处理某些侵扰整个社会的问题。事实上，部分问题关注从一开始就导致这种知识分工的。在一个知识被精心细化的世界里，哪里才是这类人物的立足之地？他或她究竟应该说些什么，才会被认为有意义？难道他们不必要站得远远的，这样他们的话听起来只是隐隐约约的嘟囔？一种攻击知识分工本身的话语，从知识上来讲又怎么会合理？

简而言之，越来越少的空缺可以容纳圣人、先知、四处巡游的道德家、纯文学作家、滔滔不绝的哲学家、谈论宇宙意义的商人。在某种意义上，这是个进步。不再受托马斯·卡莱尔之流的威权主义咆哮，或受言辞乏味笼统的马修·阿诺德之辈的恩惠，这是一大宽慰。不过这种状态对于不想接受根本性挑战的社会秩序也是相宜的。知识分子必须找出方法，提出根本性的挑战，一方面，既不能倒退到绅士学者漫不经心的票友态度，另一方面也不能投降于那些目光短浅的学者。他们介于学究与票友之间，却对两者都看不顺眼。他们太蔑视学究传统的学术分工，但他们的语言对票友来说又太过于专业。而且，因为知识分子过多地卷入了政治，两个阵营的人都无法与之相处。

从19世纪末起，知识分子的角色越来越向人文学科转移。之所以发生这种变化，有好几个原因。在一个科学与商业主导的世界，人文学科日渐被排挤到边缘，但这就使得知识分子能以旁观者清醒的目光来看待社会秩序，这种视角是深陷于商业利益、科技利益的学者所难以获取的。然而，具有讽刺意味的是，正因为知识分子在这个庸俗的社会中日渐多余，才使得人文学科在人类思想中处于一种新的中心地位。只不过他们也因为同样的原因，不可能受到重视。

此外，人文学科或"文化"，是敏感地显示现代性整体危机的所在。文化涉及礼仪、社群、想象力的创造、精神价值、道德品质以及生活经验的肌理，所有这些都陷入了冷漠无情的工业资本主义重围之中。科学、哲学与社会学似乎都已臣服于这野蛮的秩序。哲学沉迷于"什么都不重要"与"什么都非不重要"的逻辑区分里，因而对改变世界不感兴趣。道德思想认为，受到启蒙的自利心是推动人类生活前进的力量。社会学研究的是社会的真实面而不是其应该有的面貌。看来，因别无选择，似乎只剩文化可以担此重任。

由于宗教逐渐衰微，在这个对基本目的与基本价值备感

第四章 失与得

不安的社会中，文化看上去成了人们可以提出这类不切实际问题的唯一论坛。然而，如果文化具有批判性，部分原因也许是它显得日渐不重要，可以允许它提出不起作用的异议。文化对当代问题所提出的许多解决之道，有很多都是向后看的，带有贵族气息，而且高傲得让人无法接受，这正适合于用来突显文化的悲怆。像宗教一样，文化在理论上受到足够的重视，但在实践上却被忽视。文化就是去银行的途中，你表示敬意的东西。因此文化正适合知识分子，这些知识分子保留了某些可敬的精神气质，但当论及污水处理厂盖在哪里时，没人会把他们当回事。像文化一样，知识分子既处在社会之内，又处在社会之外。他们有权威但没有权力。他们是现代的俗家教士。

不过，知识分子之所以日益受到文化的吸引也有更正面的原因。如果他们一方面不想成为戴小羊皮手套的绅士学者，另一方面又不想成为双手粗硬起茧的专家，文化看上去正是最适合他们的方式。一方面，再没有比文化更笼统的概念了。事实上，文化令人窘迫的一个方面是难以知道文化遗漏了什么。文化涵盖了从阳春白雪的艺术高峰到单调乏味的日常生活的低谷。肖邦是文化，复式记账法也是文化。另一方面文化逐渐成为专家进行的研究，它不再仅仅是一个抽象概念，而是整个产业，需要对其进行严格的分析调查。如果文化能够对整体的社会生活品质提出看法，那么它同样可以详尽地解释劳动阶级的发型或表现主义的技巧。它集广度与特殊性于一体。如果文化具有社会概念的开放肌理，则它同样具有美学概念的细密纹理。由于文化具有上述特征，特别是在政治学、经济学、社会学与哲学逐渐被收买而难以从内部提出问题的情况下，它对知识分子就有了一股很自然的吸引力。这些知识分子因此就成了文化理论家，文化被留下来干那些摆不脱的苦差事。部分是因为文化周围的其他学科已逃之夭夭。

但是文化理论这一概念有点自相矛盾的感觉还存留在人们心里。既然政治或经济似乎是客观的事物，对它们进行智性探索就非常可取。但是文化是价值、激情、感官经验的汇总之地，它更关注的是人们感知的世界，而不是现实的世界。它并不属于那一类需要理智思考、不带感情的事物。在盎格鲁-撒克逊文化中，知识分子早就被视为感情枯竭、因循守旧、否认生命的人，但他们也被认为像机器人般的阴险毒恶、冷漠孤高。想想电视节目《出谋划策》（Mastermind，BBC电视猜谜节目）那阴森的片首曲，和《大学挑战》（University Challenge，BBC电视猜谜节目）中欢快的学生

第四章 失与得

歌曲,两者的差异显而易见。知识分子有种令人毛骨悚然的东西。西方理性主义的历史割断了理性和情感,使得理性变得极度冷漠和无情。知识分子是盎格鲁-撒克逊噩梦中能言善辩的罗伯斯庇尔之辈。理论家会辨别出艺术家的情感?更别提对它发表评论了。

然而,大众心里知识分子的形象实际上也是极端混乱的。如果知识分子因冷酷无情而受指责,他们也同样会因强烈的党派立场而受谴责。以保守的目光来看,他们结合了下列两个领域最差的部分。一方面,他们冷眼远观传统主义者珍视的习俗与宗教虔诚。另一方面,他们又与怨恨、争辩和党派偏见联系在一起。如果说他们目光冷峻、神情严肃,他们同样也是头发蓬乱,令人发笑。因为具有这种身份,他们是小丑与临床医生的奇怪混合体,既令人发笑,但同样也令人敬畏。

然而,矛盾仅仅只是表面的。正因为知识分子试图检验习俗与虔诚,而不是想当然沾沾自喜地接受它们,所以知识分子受到激励,大声疾呼,要进行社会改革。摆脱诸如必须严厉压制工会会员那种普遍接受的信念,与酷爱认为工人还不如一次性商品的社会是并行不悖的。激进的知识分子并非毫无激情,他们只是没有保守派的激情。如果试着以客观的眼光来看待整个社会结构,你也许会受到这种想法的激发,即社会结构需要大范围的彻底革新。公正客观之人与盲目拥护之辈并不一定不和。大众的偏见认为古典知识分子是两者的结合体,这一看法是正确的,纵然这种偏见并不知道个中原由。

现在,文化知识分子忙着研究疯狂、幻想、施虐心理、恐怖电影、色情淫秽和癫狂诗,草草认定他们是思想深刻但感情贫乏之人,就很奇怪。一些人觉得那些题材毫无价值,只有极端古怪的人觉得它们乏味,但思想深刻。不管怎样,研究阿尔弗雷德·丁尼生诗中花的意象,不能算是狄俄尼索斯式的追求。批评这种文化理论的批评家所未注意到的是文化理论中纯粹让人兴奋的事物。首先,正是这种人心的激动,吸引了一代代的学者研究文化理论。吸引他们的还有另外一种信念,即认为文化理论提出了传统批评经常避而不谈的根本问题。理论批评家有时抱怨:理论的信徒觉得理论比理论所阐述的艺术作品更令人兴奋。但是有时情况的确如此。弗洛伊德的著作比 C. D. 刘易斯(Cecil Day Lewis)的作品更引人入胜。福柯的《词与物》比查尔斯·金斯利的小说更引人注目、更具有独创性。

认为只有当理论用以说明艺术作品时该理论才有价值,

第四章 失与得

这种假设非常有趣。这种想法背后潜伏着的是清教徒式的信念：即任何无用的、不会马上产生现金价值的东西都是一种罪恶的自我放纵。所有的事情，从思考到做爱都必须在有几分不苟言笑、对实用性做裁决的法庭前证明其存在的正当理由。即使是我们的思想也必须起到重要作用。布莱希特希望思考也许会成为"真正感官上的快乐"是不会得到认可的。除非思考直接与行动相连，否则它就毫无价值。很难理解根据这些理由来证明天文学存在的道理。这种市侩实用主义，政治上的左派有其自己的一种说法，他们想当然地认为："理论"必须与"实践"直接相结合。凝视杰克·波洛克的画，只有对解放工人阶级做出实质性贡献才能获得允许。

诚然，理论能有力地阐述艺术作品（虽然有些声称这是理论存在唯一理由的人，事实上却对此心存怀疑），但理论可以凭自身能力使人大开眼界。文化理论的任何一个分支——女性主义、结构主义、精神分析学、马克思主义，符号论等等——在理论上都不只局限于对艺术的讨论，或只源自对艺术的讨论。对于某些批评文化理论的人来说，这已足够取消文化理论的参与资格了。他们忘了这样的批评也适用于许多所谓传统批评（这里用"所谓"，是因为作为纯"美学的"狭义的批评概念，事实上根本不是传统的。我们当前的美学概念是近些年的观念。在古代社会中，批评是以修辞学发轫的，使用中有很多变化并且具有政治效果）。在一个急需修补的社会秩序中，的确，理论必须用来配合实际的政治目的。但当我们不再被迫到功效法庭证明我们的想法时，我们才会明白，社会秩序在这方面已经得到了改善。这样我们才能为了思考而思考，不会有为上述行为进行辩解的神经质冲动。比如，我们会觉得弗洛伊德本身值得一读，而不仅仅是为了解释《野兽栖身之地》(Where the Wild Things Are) 这本书。

文化理论习惯于提出人们称之为的元问题（meta-questions）。文化理论不问"这首诗有价值吗？"而问"我们说好诗或坏诗时，是什么意思"？它不会问故事情节是否有些不合情理，而问这小说到底是什么。它不问单簧管协奏曲是否有点倒胃口而显得毫无说服力，而会询问首先要什么物质条件才能来演奏协奏曲，以及哪些条件怎样才能有助于塑造作品本身。批评家讨论象征，而理论家则会问，通过何种神奇的过程，一事物可以代表另一事物。批评家谈论科里奥兰纳斯的性格，而理论家则问一页纸上单词怎样排列才能展现一个活生生的人。

上述元问题没有一个必定会取代简单扼要的批评问题。

第四章　失与得

你可以同时提出这两类问题。但是，传统的艺术批评似乎自信而现实，把太多的事情视为天经地义，理论不事张扬，却未成定论。传统的艺术批评步伐太快，太过于自信，不肯等一等再提出问题。它带着一种对我们所有不确定的事似乎无所不知的神气。从这种意义看来，理论不像传统那样教条，理论比传统更好论战，而思想则更开明。理论只想接受更少的先入之见是理所当然之事，理论尽其可能检验我们自然产生的假设。探索当然必须有起始之处。原则上，有可能把问题无止境地往后推。谈论文化的既有方式对其认为不言自明的事物显然太过轻率。

从这一点来看，那些非理论家看上去明显缺乏好奇心，比如说，虽然他们有可能研究小说多年，但从来没有停下来问问自己小说究竟是什么。这就像动物养了好几年，而不知道养的是獾，是兔抑或是畸形的獴。这并非假定小说是什么这一问题只有一个唯一的答案，或甚至会有任何满意的答案。这只是说明那问题值得一问。

人们也许会这样开始回答问题，他们指出小说是一种写作，你既不能在其中撒谎，说真话，也不能犯错误。在小说中你不能说谎，因为读者不会假设你打算讲真话。"从前有一个叫戈尔迪洛克斯（Goldilocks）的小女孩"不是事实，但也不是谎话。"喔,不,没有"并不是针锋相对的巧妙的反驳,尽管那话是真的。说谎是指带着欺骗的意图来陈述本身是错误的东西,没人试图哄骗我们相信:戈尔迪洛克斯的确存在。"使你神清气爽,唯有此酒"不是真话,但也不是谎话,因为没人会从字面上相信这个明显的夸张。"从前有一个叫戈尔迪洛克斯的小女孩"经常可以重写成这样"请你想象在一个虚构的世界里,有一个叫戈尔迪洛克斯的小女孩"。即使碰巧有一个叫戈尔迪洛克斯的小女孩,她的确碰到过3只熊,这也不会影响故事的虚构性。故事的目的并不是给我们提供真实信息,而是传达可以称之为道德真理的东西。戈尔迪洛克斯这个例子中的真理浅薄而且带有明显意识形态这一事实——不要乱动他人私有财产,即使它们浑身长毛,脾气暴躁,四肢着地行走——与故事传播的是道德真理这一事实并无区别。

从另一意义上来说,无可否认,小说可以比现实生活更为真切,现实生活有时候会把局面搞得混乱不堪或者绝对错误。让拜伦在希腊死于热病而不是在为希腊争取独立的战斗中被子弹打死,这是生活的愚蠢。让维多利亚时代的弗罗伦斯·南丁格尔一直活到20世纪,或者让罗伯特·麦克斯韦尔悄悄地逃向大海以躲避公众的羞辱,这是历史

第四章 失与得

的疏忽。要是让艺术来处理这些事情,那它是可以独擅胜场的。

然而,从另一意义上来说,小说是无法说出真情的。如果作者停下来向我们保证,她现在所说的都是真实的——这种事情真的发生过——我们还是会认为这是虚构的陈述。长篇小说家与短篇小说家就像喊着狼来了的小孩:他们注定不为人们所相信。哪怕你把这句话作为单独脚注列出来,签上你姓名的首字母与日期,但这并不能使它由虚构变为事实,副标题"一部小说"已足够担保那是虚构之事。在小说《浮士德博士》中,托马斯·曼暂时打住,向一位真实人物致敬,我们也许会相信托马斯·曼的话而认为那人的确存在。但是没有什么东西能够阻止我们认为这段话是虚构。即使小说描写的是真实情况,不管怎样,小说也不会变得更为真实。我们知道这是一部小说这一事实,再次保证了我们不会细察这些陈述的真实价值,而只会把它们当作整个修辞方案的一部分。小说的存在并不是为了告诉我们懒猴是行动缓慢、夜间活动的灵长类动物,或海伦娜是蒙大拿州的首府。它们动用这些事实,是作为道德模式的一部分。

小说要犯错很难,因为伴随着小说而来的一条隐蔽的指令是"把这里所说的一切当作计划好的"。如果有作者将拿破仑描写为青年女子，我们就会认为这不仅仅是极度粗心的教育者的结果。如果作者一直误拼拿破仑的名字，我们认为这具有某种象征意义。如果她只误拼了一两次，我们也许会认为这是排印错误，并不属于文学文本本身的错误。总之，小说对于那些对现实世界了解不深的人，是个理想的形式。没人能揭露他们的无知。这就是为什么在超凡脱俗的知识分子与创造性作家之间有密切联系的原因，这两者偶尔会共存于同一躯体中。

反对理论的人也许会觉得，所提的这些问题是恶毒、呆板、铁石心肠和坚持偏见。其他人也许会认为这实际上非常有趣。以诗与散文的差异为例。解释两者差别唯一令人满意的说法是，诗由作者决定诗行在哪里结束，而散文则由排字机决定。要找出为什么这是描述两种体裁差别的唯一恰当的方式——为什么更明显的差异不适合来描述两者的差别——那你就得去研读理论。

或者，思考一下读者对文学作品的解读，以及作品本身的内涵。以伊夫林·沃的短篇小说《勒福戴先生出游记》（Mr Loveday's Little Outing）中具有无与伦比喜剧效果的第一句为例。"'你不会发觉你父亲有多大改变，'随着轿车驶进郡精神病院大门，莫平女士说道。"这的确是英国式的反

第四章 失与得

讽，漫不经心地将重大事件（精神错乱）与平淡无奇结合起来。当怪诞或灾难性事件被坦然接受之时，这喜剧的手法后面隐藏着作者内敛的情感。

然而，沃的句子也是英国不动声色陈述（understatement）的佳例。不动声色的陈述就其本身而言，它提醒我们如何理解所有文学作品，即使在过于夸张时，也是非常低调的。它说明了文学作品的读者，怎样在潜意识里提供信息以理解该作品，或怎样做未必可靠的重要假设。我们可以假设莫平女士正与坐在车里她身边的一个孩子说话，也就是他们去看望那个精神病院里病人的后代。我们也可以假设，他们所谈的那位病人是莫平女士的丈夫——大概就是莫平勋爵。

然而，上面所述没有一点是明明白白陈述的。当然，随着我们阅读下去，就会发现真相。但仅仅通过一些假设，我们还是能享受到起始句精简的喜剧效果。如果假设中谈论到的那位父亲真是莫平女士的丈夫，那她无动于衷的喜剧效果无疑会得以加强。但这种幽默，只有当我们假设那父亲是精神病院的病人时，虽然只是纯粹的猜测，才会发挥作用。有可能莫平女士去精神病院有其他目的，而碰巧提到了他，或者他的确在精神病院里，却是医护人员。父亲没有发生很大变化这句话非常有趣，它表明他现在和还没住院时一样疯狂，不过这也有可能是莫平女士安慰孩子的一种方式，尽管他身遭监禁，仍然和蔼可亲、通情达理，一如既往。此句的句法（"随着轿车转进——"）隐约暗示了司机的存在，莫平女士身份高贵，用不着自己驾驶，尽管这也是读者的推论。

我们不该用理论太多来毁了一则好笑话，但发觉喜剧需要具备什么才能产生效果，仍然是件令人感兴趣的事。也许有人注意到，这样的发现与少量适度的细读（close reading）有关，而据说理论家没有能力来进行这种细读。理论没有能力进行细读是反对理论的人最常发的牢骚之一，这现在已几乎成了普遍信念，如同认为秃头无法医治或内奥米·坎贝尔不知道谦虚一样。事实上，这种信念几乎完全错误。有些理论批评家读书非常粗心，但有些非理论批评家也一样粗心。就德里达这一类思想家而言，更为恰当的指控也许是他读书太过仔细——他与作品贴得如此之近，一丝不苟地探究作品的细微特征，以致像从过近的距离观看油画作品一样，油画就成了线条和色块的组合。其他许多解构主义作家也是如此。就其他大多数重要理论家而言，指责他们过于远离作品并不成立。许多理论家在读书方面与非理论家一样固执，有

第四章 失与得

些则有过之而无不及。①

赞同仔细分析作品的人有时认为，读者与作品之间存在着理想的距离，但这只是个错觉。阅读、观赏以及倾听的过程需要不断变化焦距，就像我们有时拍特景时镜头要往前拉，有时拍全景时镜头往后拉一样。有些阅读与观赏正面接触作品，有些则害羞地侧身靠近。有些将逐渐展开的作品作为一时间过程来关注，有些则力争得到快照效果或空间定位。有些将其斜劈，而另一些则从地面高度对其凝视。有些批评家在逐渐后退总览全境前，会用鼻子紧贴书本，将其最原始的第一印象吸收殆尽。以上方法无一正确。对此无正确与或不正确可言。

理论批评家一个常见的假设是：理论"隔"在批评者与作品之间。理论的庞大身影隔在两者之间，将其难看的影子投射在书中文字或画布的形体上。它是一张置于作品之上的厚网，只允许一小部分精选的内容稍稍露脸，另外的部

---

① 例如：特奥多尔·阿多诺论布莱希特，瓦尔特·本雅明论波德莱尔，保罗·德·曼论普鲁斯特，詹明信论康德拉，朱丽娅·克里斯蒂娃评马拉美，杰弗里·哈特曼评华兹华斯，巴特评巴尔扎克，穆莱提（Franco Moretti）评歌德，哈罗德·布罗姆（Harold Bloom）评斯蒂文斯，J. 希利斯·米勒（J. Hillis Miller）评亨利·詹姆斯。这个名单可以大大地延展。

分要么遭扭曲,要么被掩盖。此外,这张厚网无一例外地罩在了任何作品之上,破坏了它们的独特性,磨去了它们的差异。的确,有些批评就是这样,但并非所有以这种方式进行的批评都是理论批评。几十年前,那些操纵批评秀(critical show)的纯文学的先生们的确使用这种教义过滤器。一些关于性别或阶级冲突的艺术品常遭拒绝,对大作家的负面批评被视为失礼行为。艺术的社会背景只有以极细碎的方式出现才会被接受。同样令人作呕的词汇"不同凡响的精致"、"活力四射"、"极度自然"、"才华横溢,叹为观止"——都残忍地强加于每件作品之上。贵族阶级的种种偏见很不得体地强行介入读者与作品之间。

事实上,批评性语言"卡在"读者与作品之间这整个观点是一个造成误导的空间隐喻。一些评论真的起不到任何帮助作用,但这并不是明白其原因的最好理由。没有某些先入之见,我们压根儿辨认不出何为艺术作品。没有可供我们任意使用的某种批评性语言,我们压根儿不知道该探讨什么,正如如果没有表达我们内心世界的词汇,我们连反思都不可能一样。对一作品完全客观的批评,若不是从某一特定角度切入,就会难以理解。这种评论,就会如同来自半人马座阿尔法星的游客观看《辛普森一家》(*The Simpsons*)一样,显

第四章 失与得

得手足无措。

批评概念最大的用处，是使我们可以接触艺术品，而不是将我们与艺术品隔绝。它们是理解艺术品的方式。其中有些方式比另一些方式更为有效，不过这种差别和理论与非理论的差异没有联系。批评概念，即便是无用且模糊的批评概念，也并非一个猛然落入我们与作品之间的屏障，它是用来进行文学批评的一种方式，有些批评概念有用，有些则没用。在最好的情况下，批评概念可以找出作品的某些特征。这样我们就可以把作品放到事件发生的重要背景之中。用不同的概念可以发现不同特征。从这方面看，理论家是多元论者：没有一套概念能向我们展示作品的全部意义。这些概念间有重要区别，其中一些概念我们非常熟悉，就如同"面包"一目了然，有些概念则依然保留着它们的陌生面孔，如"枣属植物"。后者人们通常称为"理论"，尽管枣属植物实际上并未比面包更古怪。

文化理论取得了哪些成绩呢？首先，它使我们醒悟：解释艺术作品只有一种正确方法这种想法是错误的。有这么一则笑话，一位假装促进基督教不同教派联合的天主教徒向他那新教徒的同事承认，礼拜上帝有很多方式，"你按你的方式礼拜上帝，我按上帝的方式礼拜上帝"。很多保守的批评家对待理论家也是这样。他们自己阅读作品的方式，就是作品如果能讲话的话，也会希望被人阅读的方式。而理论家则执意要把大量花哨的想法引入作品。把《荒原》视为对不信上帝的人空虚心灵的沉思，就只是理解了诗歌的字面意思，而把它当作帝国主义战争时期精疲力竭的资本主义文明的症状，才是将自己略带古怪的理论强加给该诗。谈论 D. H. 劳伦斯作品中对精神的探究是忠实于原文，但谈及他作品的性别歧视则是曲解原文以适合你自己的政治目的。

把《呼啸山庄》当作描写死亡的小说来读，只是对其文字意思的反应，然而把它看作与死亡欲望有关的小说，就是让弗洛伊德走进了你和希斯克利夫之间。简·奥斯丁的小说描写爱情、婚姻、道德价值，只有那些不理会内心诉求的人，会认为所有这些和她小说中的财产与社会阶级不可分割。要正确如实地理解菲利普·拉金（Phillip Larkin），就要能欣赏他对逐渐消失的英国田园风光的痛惜之情，而带着意识形态的眼镜来看，就会把他的诗歌看作是衰亡的后帝国时代的不列颠的一部分。

承认《李尔王》不止一种含义，并不等于宣称《李尔王》什么含义都有。理论家并不认为无论什么东西都可以具有任何含义；这正是他们有别于其他解释的理由。只有独裁

第四章 失与得

者才担心，除去对他们自己的信仰外，唯一的选择就是无信仰，或是你所喜欢的任何信仰。像无政府主义者一样，独裁者看到周围一片混乱，只是无政府主义者把这混乱视为创造性的混乱，而独裁者将其视为威胁。独裁者正是虚无主义者的镜像。然而作品真正的含义，既不刻在石头上，也不是放任自流的；既不是专制主义的，又不是自由放任。你必须找出作品的特征，它们会支持你对作品的诠释。这类特征有很多而且不同，可以用不同方式来解读；但什么算是作品特征是可以讨论的。没有任何批评性假设是无懈可击的，所有假设都可以修正。

　　文化理论还取得哪些值得赞扬的其他成就呢？它使我们相信，除作者之外还有许多因素参与艺术品的创作。艺术作品有一种"潜意识"，不受其创作者控制。我们已经逐渐明白，读者、观众或听众都是创作者，艺术品的接受者也是作品的共同创造者。没有接受者，作品也将不会存在。我们对文化作品中权力与欲望的发挥，以及文化作品对政治权威表示认同或持异议的多种方法更为敏感。我们也知道，既是它们的形式，也是它们的内容。我们更敏锐地感觉到：文化作品与特定的时间地点密不可分——以及这一切如何丰富而非减弱文化作品的内涵。我们对文化作品的回应，基于特定的历史背景的回应也是如此。我们也更关注这类艺术作品的物质背景，以及文化和礼仪在多大程度上根植于不幸和剥削。我们已经认识到广义的文化是一个舞台，那些遭遗弃、被剥夺者在这个舞台上也能探索共享的意义并确定共同身份。

在所有这些成就中，最有争议的当属文化与权力的关系。在自由主义者或保守主义者看来，文化的核心问题在于它正好是权力的反面。的确，文化是饱受批评，但仍能使我们逃脱权力那令人讨厌的影响的幸运地方之一。随着社会生活日渐受到功利的统治，文化随时提醒着我们，有些东西没有价格，却有价值。粗鄙的工具理性牢牢掌控着人类事物，文化却对纯粹为自己而生存的东西深感欣喜，它除了自己充沛的自我欣喜之外，没有任何目的。文化见证了嬉戏的深刻意义，与劳作那沉重的枷锁形成了鲜明的对照。随着人类生活越来越受到操纵、越来越量化，艺术的目的就是要坚持成为独特个体的权利。艺术使我们回想起肉体、感官的存在，而在这个世界上，就连这些都在被无情地商品化。

在所有这些方面，文化成为对乌托邦的珍贵回忆。在市场决定价值的文明体里，随着艺术变得越来越可有可无，文化反而能够将自身的非必要性变成德性。它还能在这充满铁

第四章 失与得

律和无情势力的世界里，为偶发事件、零星的特例、毫不相干事物、奇迹般的例外大声疾呼。的确，在那个自己变得越来越渺小的社会里，它还能利用自己为生存而做的顽强不懈努力这一惊人事例来阐述这种偶然性。因为文化的可辨认功能越来越少，所以它可以对必须有功能才能存活这一假设提出质疑。只要对自己矢志不渝，文化就能够起到政治批判的作用。

同时，文化可利用它漂流在社会之中这一事实，超越社会褊狭的界限，探究那些对全人类至关重要的事件。它可以具有普遍性，而非仅局限于狭窄的历史性。它能提出终极问题，而不仅仅是那些实用的或狭隘的问题。那些草率地拒绝普遍性的人忘了这是多么经常的选择。文化可为正统社会认为根本没有生产力的垃圾而加以驱逐的那些游移价值（vagrant values）即偏常的、幻想的、情欲的、超验的价值提供一个避难场所。严格说来，文化是对给予其生命的文明的活生生的指责，这并不是因为它显示了什么或表示了什么，而仅仅是因为它奇特、无意义、令人沮丧的存在。

这样，大家就会理解那些认为文化理论在试图摧毁人类精神这个最后堡垒的人们的愤怒。如果这人类价值的脆弱的城堡能被权力与政治攻入，很难想象人们还能撤退到哪里。

事情绝非总是这样。在文化登上中央舞台之前的日子里,精神有一个显然的归宿即宗教。宗教所做的正是后来文化所做的一切,但宗教更为有效。它能招募千百万计的男男女女来参与具有终极价值的事业,而不仅仅只是少数受过良好教育,能读懂贺拉斯、听懂马勒的人。为帮助完成任务,宗教可以随时使用炼狱之火这一威胁——这种惩罚比在那些没读过贺拉斯作品之人的耳边文雅地低声表示反感更具说服力。尽管几乎所有大众文化理论家都尴尬地忽视宗教的存在,在人类历史的大部分时期,宗教仍是大众生活中最为珍贵的组成部分。

通过宗教仪式与道德准则,宗教可以将绝对价值问题与男男女女的日常经验联系起来。不存在着比上帝、天堂、罪恶、救赎更抽象的东西。正如艺术用符号、声音、颜料、石头来充分体现根本性问题,宗教也通过一整套圣像、虔诚感、个人行为模式以及一系列崇拜习俗,来表现这些根本性的问题。它将宇宙天道根植于每个人内心深处一个叫良心的官能中。信仰用最持久耐用的纽带,将人民与知识分子、淳朴的信徒与牧师紧密连接。它以远远超出小众文化的能力,创造了一种共同目的感。它简练地勾勒出称为末世论:最宏大的叙事,它可以把艺术、宗教仪式、政治学、伦理学、神话学、

第四章　失与得

形而上学与日常生活交织在一起,同时给予这巍峨的建筑一种获得认可的至高权威。宗教包含一系列对于许多正派、理智的人来说是非常愚昧无知、不合情理的信仰,所以特别让人感到惋惜。

自从文化被推上显学的地位之后,便一直危机不断,这不足为奇。因为人们要求它在后宗教的岁月里代管宗教的功能。无需讶异,在多半情况下,文化没能代管这些功能。部分宗教势力把事实与价值,日常生活的平淡行为与具有终极精神意义的事件联系了起来。然而,文化把这些领域一分为二。从文化广泛的、大众化的、日常的含义来说,它意味着一系列办事方式;它从其艺术含义上来说,文化意味着大量具有根本价值的作品。但它们间的联系却致命地缺失。对比之下,宗教成了同时具有这两种含义的文化。

谈论后宗教时代就是太仓促地谈论很多事。后宗教时代在利兹或法兰克福也许是那么回事,但在达卡或达拉斯却几乎不是那样。在知识分子看来,我们的时代看上去已不信宗教,在农民或办公室清洁员看来,并非如此。在世界的大部分地方,包括美国的许多地方,文化根本就没有驱逐过宗教。即使在一些曾驱逐了宗教的地方,宗教正在变本加厉,卷土重来。从总体上看,宗教仍是这个星球上资源最丰富的象征性形式。随着男男女女越来越感到脆弱和受忽视,我们可以预计到,形形色色丑恶的宗教基要主义会逐步增多。文化试图取代宗教的年代行将结束。也许,在这方面文化已最终承认失败。

保守主义者错误地认为,激进分子正在试图剥夺文化的政治清白。像大多数形式的清白一样,文化的政治清白起初并不存在。不管怎样,强调文化之乐观、乌托邦特点的正是激进分子而非保守主义者。只不过他们同时指明了文化与种种令人生厌的权力形式串通一气的方式。的确,文化的这两方面并非不相关联。通过鼓励我们想象未来,文化也有可能给现存社会秩序提供一个方便的安全阀。想象一个更为公平的未来,也许会没收实现这一社会所必要的一些精力。现实中无法实现的东西可以在幻想中得到满足。不管怎么说,对发达资本主义的运行方式来说,幻想绝对不是陌路的方式。

然而,这只是限定了文化的乌托邦角色,而并没有削弱它。这只不过意味着文化在积极和消极的意义上都具有乌托邦色彩。如果文化抵抗权力,它自己本身就是权力不可抗拒的形式。换句话说,激进人士对这件事的看法,比那些认为艺术文化有明确价值的人,更为多元化,更加没有确定的答案。激进主义者对这个话题的描述更细致,更不确定。他们

第四章 失与得

想看到事物的两面。他们不会以教条主义概括的心态认为,艺术时时处处都是正面的。例如,他们对那些常常处于艺术根基部的滥用与剥削保持着警觉。对他们而言,上述情况并不是否定了艺术的价值;它仅仅是让自己处理艺术的方式更加具有试探性,涉及更多的方面。就像他们开明的人本主义同事那样,他们唯恐对此事太过于一概而论。

我们检验过对文化理论提出的权威性异议,很多都站不住脚。有些理论术语多到令人难以忍受的地步,但文化理论背后的驱动力却是使人向往的民主,和自己那些非纯理论同伴相比,它很可能造就出了更多文采斐然的文体家。不管怎么说,有些形式的术语合理可取而并非令人反感。文化理论回避细读,这话并不对。文化理论既非无动于衷也非残酷无情。它并不试图破坏人类精神,而是试图使其脚踏实地。它并一定要"隔"在艺术作品与其受众之间。如果它有时成为真正理解的障碍,那其他艺术批评形式也一样。它并不认为杰夫里·阿契尔可以与简·奥斯丁并驾齐驱;它仅仅查究我们说这话时是什么意思。

许多对理论的反对要么错误,要么微不足道。有可能对文化理论发动更具毁灭性的批评。我们坚持的文化理论许诺要尽力解决一些基本问题,但总的来说却没能兑现诺言。在道德和形而上学问题上它面带羞愧，在爱、生物学、宗教和革命的问题上它感到尴尬窘迫，在邪恶的问题上它更多的是沉默无言，在死亡和苦难上它则是讳莫如深，对本质、普遍性与基本原则它固执己见，在真理、客观性以及公正方面它则是肤浅的。无论怎样估计，这都是人类生存失败的相当大的一部分。正如我们在前面所表明的，自己对这些根本问题建言甚少或无所建言，是历史上相当尴尬的一个时刻。现在让我们来看一看，能否通过不同的角度来处理这些问题，以补救这些缺陷。

第五章　真理、德性和客观性

没有任何概念比"绝对真理"更不受当代文化理论的欢迎了。绝对真理这个词组，相信永恒和普遍性，似乎带点教条主义和独裁专制的意味。那么，就让我们设法为这个无比谦虚而极其合理的概念辩护，并以此作为我们的开始。

把绝对真理看作特殊真理是个错误。根据上述观点，有些真理是变化着的，相对的，也有一种更高层次，既不变化又不是相对的真理。相反，这真理是亘古不变的。有些人，通常是那些有着教条主义或专制主义禀性的人，会相信这种高层次的真理，而其他人，如历史相对论者和后现代主义者则不会。事实上，一些后现代主义者声称不相信任何真理——但这只不过是因为他们把真理等同为教条主义，并在摒弃教条主义的同时将真理也一并摒弃了。这是一种毫无意义的花招。而在相对不那么复杂的后现代主义圈子里，因为信仰坚定，坚持某个立场会被视作是令人讨厌的专制，而模糊猜疑、模棱两可的态度，从某种角度来看却是民主的。这样，很难对热切支持民主的人，和对民主态度模糊，模棱两可的人作出评价。

在后现代主义的这一流派看来，声称某一立场比另一立场更为可取，带有令人反感的"等级"色彩。我们并不清楚为什么反对等级观念比支持等级观念更为可取。因为不知道你对事物的看法，所以就产生了某种后现代的喜好，这些喜好，也许反映在北美人的讲话习惯中，就是每三四个字就加个"好像"。表明某事物确实就是那事物，是教条主义的。相反，你必须在讲话中以一种始终存在的语义含混引入仪式性的不确定性。

那些把真理视作教条主义而不想跟它有任何瓜葛的人，很像下列人士，他们认为自己是非道德论者，因为他们相信道德只意味着禁止人们同床共枕。这样的人是倒置的清教徒。跟清教徒一样，他们把道德等同于禁欲；要过有道德的人生就意味着受煎熬。但是清教徒认为受煎熬是一件好事，而且对性格塑造也极有好处，而这些人却认为受煎熬有害无益，于是他们彻底否定了道德。与此类似，那些不相信真理的人往往是倒置的教条主义者，他们所摈弃的真理观是任何明理的人都根本不会维护的。

第五章 真理、德性和客观性

事实上，并不存在世俗的、随着历史发展变化的真理，也不存在高人一等由你相信或不信的绝对真理，就好像有人相信天使的存在而有人不相信一样。有些表述只有从某个特定角度看才是正确的：一个广为人知的例子就是"法国呈六边形"这一论点，只有当人们在某一特定几何结构内来观察世界时，这个论点才成立。但是有很多真理是绝对的，却并不是在高级或优越的意义上。[1]如果说"这鱼尝着有点坏了"是真的，那就跟说："我实实在在地告诉你们，还没有亚伯拉罕，就有了我"一样绝对真实。这类真理是绝对的，并不重要。它仅仅意味着，如果某一陈述为真，那么，相反的陈述不可能同时为真，也不可能从另一角度上看为真。不可能有这种情况：这条鱼不可能有点坏掉，又有点没坏掉，不可能对你来说是新鲜的，而对我来说是腐烂的，哪怕我就是喜欢腐烂的鱼。但这并不排除怀疑或者模棱两可的可能性。或许我并不能确定这鱼到底有没有坏掉。但是如果我不能确定，那我不能确定这回事就是绝对真实的，我不可能同时确定又不确定。也不可能从我自己角度看我是确定的，而从你的角

---

[1] 绝对真理观念的辩护可参见 Paul O'Grady,《相对主义》, Chesham, Bucks, 2002, ch. 2。又见 Bernard Williams, *Truth and Truthfulness*, Princeton and Oxford, 2002, p. 258f。

度看是不确定的。或者这鱼在两小时之前还是好的,而现在则分明有点问题。如果是那样的话,两小时之前绝对真实的事到现在就不再是真的了。而现在不再真实这一事实却同样是绝对的。

在这里,"绝对真实"实际上就是"真实"。要不是为了反驳相对主义者,因为他们坚持认为,真如其名所暗示的那样,真理是相对的,我们完全可以把"绝对"两字去掉。如果同一个人在同一时间说"我现在正在大马士革"和"我现在正在顿卡斯特",没有多少相对主义者会贸然主张这两句话都是真实的。他们更可能会说,同一个观点可能对你来说是真的,但对我来说不是,可能在星期一的时候是成立的,而到了星期五则不成立了,或者可能对佛兰德人是对的,而对阿赞德人(Azande)人则不对了。然而,对于很多真理而言,这种情况的大部分都不能让人十分信服。对于你来讲真实的情况对我来讲也应该是真实的。如果说你垂头丧气而我兴高采烈这两件事都是真实的,那么你垂头丧气这一事实对我来讲就是真实的。如果你星期一动了肝火,而到了星期五就没事了,那么,到了星期五,你星期一动过肝火这件事就仍然是真实的。

这里,那些重要得足以撼动世界的概念并没有受到任何

第五章　真理、德性和客观性

威胁，也没有任何喧嚣的专制主义在活动。真理是绝对的，只是意味着如果某事已经被确认为是真理——这通常是项繁重又困难的工作，而且永远是可以进行修正的——那么关于这件事就不可能有两种观点。但这并不是说真理只能由某种不偏不倚的观点来发现。事实上，这跟我们怎么得出真理毫无关系。它只是阐述了真理本身的性质。虽然所有的真理都是由某种具体的观点所确立的；但是如果说，在我看来浴室里有头老虎，而在你看来没有，这将毫无意义。就浴室里到底有没有老虎，你我可能展开激烈讨论。在这个例子中所谓绝对真理，就是说，你我之中一个必定有错。

如果说种族歧视确实是一种罪恶，那么对于那些碰巧是种族歧视的受害者而言，这一事实不仅仅只是成立而已。这些受害者并不只是在表达他们的感受，而是在陈述事态的目前状况。"种族歧视是一种罪恶"不同于"我总是觉得新到的新闻纸味闻着很舒服"的命题。前者跟"浴室里有只老虎"更相似。我们可以想象，有人正低声安慰种族歧视的受害者，说他十分理解他们为什么有这样的感受，而这种感受当然也是有充分理由的——如果他也有同样的遭遇，那么毫无疑问他确实会有同样的感受；但事实是，他并不曾有过同样的遭遇，因此也并不认为那种情况属于种族歧视。这人可以被看作是相对主义者。不客气地说，他还会被称为种族主义者。或许他为了进一步安慰他们而补充道，目前的情况大可以算作是种族歧视，但几年后是那些深受其害的人回过头来看就会发现，这其实根本不是种族歧视。这些就不仅仅是敷衍的安慰了，而完全是语无伦次了。

如果局面确实是种族歧视，那么它就是绝对真实的。这不仅仅只是你我的看法。但是它当然也可能不是真实的。或者它可能部分是真的——如果是这样的话，那么它就绝对是部分真实的，与之相对的就是完全真实或完全不真实。为绝对真理辩护的人并不一定就是教条主义者。无论如何，教条主义并不意味着一手捶打着桌子，一手掐着对手的咽喉。教条主义意味着拒绝为自己的观点提供依据，而只是一味地信奉权威。很多教条主义者都是彬彬有礼，轻声细气的。确信某事是绝对真理，并不是弃所有可以想象到的证据和论点而不顾，固执己见，也不是说在任何情况下都拒绝让步，承认自己错了。那些相信存在绝对真理的人，很有可能是这样一类人，他们对于接受某事为真理谨慎到近乎病态，除非这一事实看起来明显不容否认。他们终身都在怀疑的氛围中度过。只不过也许每隔十年左右，当他们终于很不情愿地接受类似"那个主管园丁一枪打在自己脚上"这样的命题为真

第五章　真理、德性和客观性

时，他们认识到它的反命题不可能为真，而且这一命题如果对他们来说是真的，那么对其他任何人来讲也是真的。

"绝对真实"并不是脱离了任何背景的真实。我们只能在某种框架内来评判这个世界。但这并不一定表示，某事从一个角度看来为真，从另一个角度来看为伪。例如，大象也许对你来说是神圣的，但对我来说却不是，虽然这只代表了我们赋予大象意义的方式有所不同。但这并不说明大象确属神圣的，同样，大象长着四条腿，它们在同一个意义不是神圣的也不可能为真。不同的文化以不同的方式理解世界，某些人视作事实的事在别人眼里并不是事实；但是如果真理只是指"对我们而言的真理"，那么我们与其他文化之间就不存在着冲突，因为真理同样也可以是"对他们而言的真理"。 108
谈到大象的神圣地位，这是完全能够被接受的，我们认为强迫蹒跚学步的孩童发生性关系有助于他们今后的情感健康和心理稳定，而我们的邻国的文化持不同观点时，上述观点为我们提供了极其便利的托词。既然他们的观点完全与他们自己的生活方式有关，那么这些观点自然不会对我们的行为造成任何影响。在任何情况下，如果每个文化框架都以足够不同的方式构筑这个世界，很难想象它们将如何对共同的命题产生共识。不同的世界产生不同的意义。

绝对真理与狂热盲信（fanaticism）毫无关系。它不一定是那种你为之狂热着迷的真理。"埃尔朗根位于德国"是绝对真实的，但谁也不会为这句话去死。这也不是那种让人热血沸腾，心跳加速的真理。它不具有像"你勒死了我的姨婆，你这个狗杂种！"那样的情绪力量。绝大多数的绝对真理都是微不足道的。在一些关于道德的论述中，"绝对"这个词也是微不足道的。对于托马斯·阿奎那来说，"绝对错误"并不一定指"非常非常错误"。"绝对"在这里并不是为了加重语气，它只是表示"在任何情况下都不能做"。阿奎那有些奇怪地认为，撒谎是绝对错误的，但杀人却不是；但是他当然不会认为撒谎永远是比杀人更严重的罪行。凭他的智慧，他清楚地认识到，撒谎有时是无害的。只不过对他而言，撒谎是绝对错误的。

绝对真理并不是脱离了时间与变化的真理。在某一时间为真的事情或许在另一时间就不再为真了，或者说新的真理就可能出现。声称某一真理为绝对真理就是声称认为某事为真是什么意思，而不是要否认在不同时刻存在不同的真理。绝对真理并不意味着是非历史的真理：它并不意味着那种从天而降的真理，也不是犹他州的哪个假冒预言家恩赐给我们的。相反，绝对真理是通过争论、证据、实验和调查发

第五章 真理、德性和客观性

现的。在任何一个特定时期被认定是（绝对）为真的许多事毫无疑问都可能最后被证实为伪。大部分看起来天衣无缝的科学假设结果后来都被证实为漏洞百出。并不是人们认为是真的事情最后就确实是真的。但是有一点仍是肯定的，那就是下雨不可能只是在我看来是如此。

为什么上面提到的这点很重要呢？首先是因为，作为有适度理性的生物，了解真相是组成我们尊严的一部分。而这点包括了解关于"真相"的真相。如果我们可以避免上当，就最好不要受人蒙骗。这点重要，还因为，在这样的背景下，"绝对"这个词被描绘成荒唐的怪物；还因为，如果相对主义者是对的，那么真理的大部分价值就会被掏空。正如伯纳德·威廉斯指出的那样，相对主义其实就是用来为冲突辩解的一种方式。[①] 如果你坚持认为民主就是让每个人都有选举权，而我坚持认为民主的含义是指只有那些通过了一整套复杂得吓人的智商测试的人才有选举权，总有那么一个自由主义者在旁边宣称，我们从我们各自不同的角度来讲都是正确的。如果真理失去了它的力量，那么政治上的激进分子就都可以不必浪费口舌了，因为似乎女性受到压迫和这个世界正

---

① 见伯纳德·威廉斯，《伦理学与哲学的界限》，麻省，剑桥，156页。

逐渐受企业贪欲的毒化这两点都成了毋庸置疑的事实。他们或许还要坚持认为逻辑是统治阶级的阴谋，但他们根本不可能顺理成章地指望别人会相信他们。启蒙运动的拥护者说得对：真理确确实实存在。但是那些反对启蒙运动的批评家们也不无道理：真理确实存在，但真理可怕。

如果说绝对真理这个概念在今天已经不受欢迎，客观性也同样不受欢迎。或许我们可以首先通过考察客观性与人类幸福的关系，来为客观性这一概念平反昭雪。男男女女都在追求幸福，但是问题关键在于知道幸福究竟有何特征。它也许对不同的人、不同的时期与文化，都有不同的意义。这是因为什么可以算做是幸福很难定义，因此我们需要像道德哲学和政治哲学这样复杂周详的论述来帮助阐释它。要是我们能彻底洞悉自我，那么这些深奥的谈话也就没有必要存在了。我们或许只要审视自我或者只是依靠本能就能知道幸福生活究竟是什么。

这就是蛤蟆叫人羡慕的处境，它们仅凭本能就知道怎么做才对蛤蟆最为有利。它们只不过是循着蛤蟆的本性，而对它们来说，这样就意味着能够生生不息。要做一只好蛤蟆而非坏蛤蟆就是要活得令自己满意、像一只蛤蟆。所谓好蛤蟆

第五章　真理、德性和客观性

就是很有蛤蟆样子的。然而这并不是你值得庆贺它们的那种善，因为有蛤蟆样子并不是它们自己做得了主的。这不是什么成就。蛤蟆并不会因为是蛤蟆而获得奖状。你能找到好蛤蟆，但不可能找出一只品德高尚的蛤蟆。然而，根据一种观点（并不是如今最受欢迎的观点，尤其不受文化理论家的欢迎），人类必须相当努力才能变成人类，因此，成为人类，还真是值得庆贺。因为，我们有能力违背自己的本性，因此忠于我们自己的本性乃是美德。

于是，我们可能跟蛤蟆一样，具有一种本性，我们也有一种要成为成功人士特有的生活方式，而且如果我们忠实于这种生活方式，我们就能全面自由的发展（prosper）。只不过，我们并不确定这种本性是什么，或者它也许会随着时间的变化而变化。因为我们是具有语言的生物，我们的本性，如果我们确实拥有本性的话，会比蛤蟆的本性温顺得多，也更复杂得多。由于语言和劳动及其随之而带来的各种文化上的可能性，我们可以改造我们自己，这种改造的方式是不拥有语言的动物所不能实现的。为了了解我们自己，了解我们的本性，我们必须努力思考；其结果是，几个世纪以来，我们只是得出了和人的真正意义到底是什么有关的一连串令人疑惑的说法。或者，如果你愿意，也可以这样说，人这种生物，不同于蛞蝓或是雏菊，就在于他能更好地生存并全面发展。道德哲学史散落着废弃陈旧的美好生活的典范。

就拿幸福观来说。相信幸福是人类所追求的东西——相信幸福就是他们特定的美好生活方式的名称——是很有说服力的。幸福能够解释发生在我们周围的大部分事情，为什么人们在拂晓时刻从床上一跃而起，到晚上不遗余力地要弄干他们的牙刷。但是幸福到底是什么？如果幸福只是简单的满足感，那么人类懒散地窝在电视机前面，目光呆滞、一坐14个小时、大把大把地咀嚼足以让人致命的垃圾食品，这样也可以算幸福了。这就难免让人怀疑，要过上幸福的生活需要的可能比这要多一些，因为这种幸福生活听起来太像兔子感觉的快乐。

那么这是不是意味着，那个目光呆滞，大嚼特嚼的家伙并不真正幸福呢？如果幸福的内涵不仅仅是慵懒的满足感，那他或许并不幸福。人们有时极其容易自欺欺人，包括他们是否幸福。也有可能他们过着极其悲惨的生活而不自知。假如古罗马战船上被锁链捆绑的划桨的奴隶，扬起他饱经风霜的脸，声音嘶哑地呼着号子，他想象不出还有比这更荣幸的方式来为皇帝服务，那么在他精疲力竭地晕倒之前，我们或许会怀疑是不是有些神秘的意识形态力量在作祟。也有可能

第五章 真理、德性和客观性

他是个被虐狂，因而简直不敢相信自己竟然这么走运，能碰上一个施虐狂的船长。又或许他之前的遭遇更加悲惨，相比之下，目前的就是天堂。或许他只是想象不出还有更充实的生活了。要是他能品尝到些许自由，体验过狂热的恋爱，在岸上某种受人尊敬的行业里享受过轰动一时的成功，到那时我们就可以再问他，他之前的经历算不算幸福了。

即便是这样，像那个大嚼特嚼的人一样声称自己很幸福的人，很有可能是对的，至少在幸福这个词的某一层含义上。他们享受他们正在做的事，完全不想离开扶手椅（如果那样确实还有可能的话），而世上也没什么让他们操心的事。也许他们在更深层次的意义上并不能算是幸福的。乍一看，他们似乎还没深入探究过人类潜力的丰厚。但是这种丰厚既包含狂喜也包含着苦难。感觉幸福的方式有很多，大嚼特嚼的人的方式也许是其中之一。

另外，至少在对自己的生活感到满意这一意义上。那些残忍而动辄使用暴力的人也可能觉得幸福，强盗从他们所做的事中也能获得工作的满足感，更别说因为他们享用赃物而兴高采烈了。杀死助人堕胎的医生你能从中获得极大的喜悦，只要你认为你这是在行使上帝的意愿。在结束了对当地人民一整天的屠杀之后，军事将领们回到自己的总部，心里暗自充满了满足感，因为他们觉得自己又让这个世界的自由变得更安全了一点点。同样，这些在更深层次的意义上也不能算是幸福。但是这并不意味着他们根本不觉得幸福——或者他们其实厌恶杀害支持堕胎的人或是某地的原住民，而只是终于想方设法说服了自己。我们不能总是利用意识形态上的自欺欺人就让人免受惩罚。邪恶的人对他们邪恶的本性也可能感到满意，并且从自己的邪恶中获取利益。恶有恶报的故事读来令人愉快又有益身心，但是小说不是现实生活。在亨利·菲尔丁的小说里，那些恶棍总是没有好下场，但是他也总是以讽刺的口吻表示，这样的结局只是因为这些恶棍只存在于小说中。在现实生活里，他们很有可能已经当上了首相。

如果恶人能快乐，善良的人却往往不快乐。在这个弱肉强食的世界上，做一个品德高尚的人，很有可能就意味着你，就好像菲尔丁小说里那些轻易就受骗上当的无辜的人，会被人凶残地欺凌。在这样一个社会里，纯洁的人们应该为着自己小心谨慎；但是那样的话，他们又怎么能保持纯洁呢？你或许能在严刑拷打下仍坚贞不屈，绝不背叛自己的战友，但是你不可能感到幸福。烈士就是为了让别人自由全面发展而牺牲了自己幸福的人。你也许会感到这很有意义，但绝不是

第五章 真理、德性和客观性

什么幸福的事。要不是情势所逼,你自己不会选择走这条路。一个烈士在牺牲的时候极度兴奋、感觉幸福,那他算不算得上是烈士,就要打个问号了。烈士放弃了自己的生命,因为生命是他们拥有的最宝贵的东西,并不是因为他们迫不及待地想要去死。

尽管如此,我们的直觉告诉我们,人类并不是生来就只能杀人和大嚼薯片。以乔治·贝斯特的著名故事为例。他因酗酒而堕落之前也许是历史上最优秀的足球运动员。在他退役后,贝斯特某天躺在五星级酒店的房间里,周围放满了鱼子酱和香槟,身边躺着含情脉脉的前世界小姐。这时,酒店的一名服务生走了进来,带来了更多的奢侈品。他朝仰卧着的昔日明星望了望,悲伤地摇了摇头,轻声说道:"乔治,到底什么地方出了问题?"

这个故事的可笑之处当然就在于,竟然会有人说,一个过着如此奢侈生活的人,生活里会出了问题。贝斯特自己因此讲了这个故事,但是那个酒店服务生说对了,贝斯特的生活已经出了问题。他并没有做他当做的。没错,他玩得痛快,在某种意义上,甚至可能很幸福;但是他没有自由全面地成长,因为他没有运用自己的天赋取得辉煌成就。没错,比起他当足球运动员的时候,他的生活也许是过得更适意了,因为在以前，为了参加训练，他不得不放弃到夜总会找乐子。并不是在作为球员得到更多享乐的意义上，他曾感到更加幸福。虽然他那时过得比整个联赛的球员还要愉快。重要的不在于他退役后的生活方式给他带来了多大痛苦——仿佛要印证福音派观点，放纵的人总会遭报应的，而是因为他已停止自由全面地发展。他幸福生活的涵义就在于他富裕、满足而愉快，但是他的生命毫无方向。人们打招呼时随意地说一句"最近过得好吗？"暗示着某种道德上的深义。作为一个人，贝斯特彻底失败了。确实，人们觉察到，他那么兴高采烈地讲这个故事，部分是他否认这一事实的一种方式。

但是人类生活到底应该朝什么方向行进呢？毕竟，人类生活不是公交车或是自行车比赛；有人说，生活就是一连串的障碍，要想达到某一目标就得先越过这些障碍。这其实只是童子军首领、将军或是公司总裁用来惩罚人的清教徒式的幻想。贝斯特的生活失败，不是因为他不再取得任何成就，而是他不再充分发挥自己的才能。问题不在于他不继续进球、收获奖杯或支票，问题在于他没有以最好的方式生活，请原谅这里用了一个双关语。他曾经有过极佳的状态，但已风光不再。事实上，他正竭尽所能地在破坏自己的才能。正如那些鄙夷的评论者常说的那样，他足球生涯结束后的堕

第五章　真理、德性和客观性

落，也许正是他尝试有所作为的另一种方式。贝斯特转而绝望地与一个接一个的女明星厮混，或是一瓶接一瓶地酗酒，以一种可鄙的方式模仿他赢得一场又一场比赛时的风光。

就算他的足球生涯正变得越来越难以坚持，放弃它在某种意义上仍然可以视作是一种对成功准则的英勇抛弃。不管看起来多么不明显，它仍然承认了，生活并不只是进球得分而已。贝斯特大可自由自在地享受人生，而不再像某些白手起家的企业家那样生活。从另一种意思上来说，狂热奢侈的生活恰恰就是某些个体企业家的影子。欲望的空虚代替了成就的空洞。相对这两种生活来说，当下毫无价值可言。当下只不过是通往未来的桥梁，而未来同样会被证明为毫无价值。贝斯特要想真正享受生活，也许只能继续踢球。踢球的生活不会一直令他愉快，而且毫无疑问，他有时会感觉很不满意；但是踢球才是他的本色当行。踢足球才是他的正道。

也许，致使贝斯特堕落的是他再也不能只为了踢球而踢球了。体育关注的是股东的利益，而不是球员、精湛的技艺或观众，在体育产业里没有一个足球运动员能够做到为了踢球而踢球。让他继续踢球，就会让他变成一个备受商业压力的设计师，却仍幻想自己能活得像米开朗基罗。想要过上真正充实有意义的生活，我们必须获允只为做某事而做这件事。贝斯特再也不能只为踢球的快乐而踢球了，于是从寻找快乐转而变成了享乐。他的享乐主义其实只是他深感恼怒的工具主义的另一面。

人性的重要之处在于它没有一个目标。在这点上，人性和其它动物的本性没有任何区别。成为一只獾没有意义，成为一只长颈鹿也不会使你有成就感。它只不过因为是长颈鹿，所以你就做着长颈鹿般的事情罢了。然而，因为人类从本质上讲是历史性动物，我们似乎在走向某个地方——以致就目的论而言，容易误读了这种运动，并忘记人性只是为着它自己而存在。本性这个概念，就像条底线：你不能问长颈鹿为什么如此这般行事。答曰"这就是本性"就足矣。你无法问出更深的答案。同样，你也不能问为什么人们要想感到幸福或有成就感。这就像在问恋爱是为了要想取得什么。幸福不是达到目的的手段。

如果有人问你为什么不想死，你也许会回答，你想完成小说三部曲，或者想看到孙辈们的成长，或者回答寿衣和自己指甲的颜色极不协调。但你回答你想活下去，就足够了。没有必要具体说明特别的目的。活着本身就是足够的理由。可以肯定，有些人生不如死，但那些不愿意死的人，不需要有继续活下去的理由。解释你为什么想活和解释你为什么不

第五章 真理、德性和客观性

喜欢兀鹰啄你都是多余的。唯一的问题,就是有些本身有价值或者应该有价值的东西,像生活,看来并不需要结束。因为它对其他事物不起作用,我们说它的作用或它的目的已经达到是没有意义的。这是死亡为什么总是看似专断的一个原因。只有已经完全实现了自我的生活才似乎不会受到死亡的损毁。只要我们还活着,从自我实现中总还有着更多的自我实现。

满足自己本性的想法不利于资本主义的成功伦理。资本主义社会的每件事情必定会有意义和目的。干得好,你就想要奖赏。对比之下,对亚里士多德来说,干得好本身就是奖赏。干得漂亮,不需要奖赏,吃了一顿可口的饭或早上游了泳,也不需要奖赏。对美德的奖赏似乎并不是幸福;具有美德就是幸福。干得漂亮就是享受来自满足自己本性的那种深深的幸福。这并不表明道德高尚之人总能在这个世界上成功——正如亨利·菲尔丁所言:这个信念,有个缺点,就是它不真实。

事实上,如果你勇敢,满怀爱心,有适应能力,同情心,想象力丰富,足智多谋等等,你就更可能在这个世界上取得成功,其他人不大可能加害于你,即使他们这样做了,你也有智谋来回避。但道德高尚之人可能完全失败。确实,导致他们失败的，可能正是他们的美德。于是，不能说他们幸福。但尽管美德可能会带来痛苦，在亚里士多德看来，美德本身就是满足之源。举例来说，想想身体健康怎样使人惹上麻烦。健康使你拥有肌肉隆起的身体，虚弱的酒吧混混满怀嫉妒地忍不住要想亲你一口。但是身体棒本身依然令人愉快。亚里士多德也认为：如果行为不端，你受到的惩罚，不是地狱之火或者是天降霹雳，而是不得不过一种受到伤害、残缺的生活。

当然，你不会相信所有这一切，而同时又是反本质论者（anti-essentialist）。反本质论者从一开始就不相信本性的存在。他们想象，某事有本性就意味着本性必定是永远固定、不可改变的。在他们看来，讨论本性就是显现了某些事情的共同性，在高度评价差异的时代里，这是件不讨好的事。本质论的批判者也合情合理地怀疑，就人类而不是长颈鹿而言，"这是我的本性"这个回答，通常是诡诈的自认有理。为追求利润而毁灭部落社会就是人性的一部分。殴打妻子就是我的本性。因此，反本质论者，就像资本主义的辩护者那样，提防着本性这一概念。资本主义要想人们毫无主见，见风使舵。作为制度，它对确定的界限，对要阻碍其进行无限度资本积累的任何事物都有着浮士德般的恐惧。如果说，在某种意义上，它是彻头彻尾的物质主义制度，在另一种意义上，

第五章 真理、德性和客观性

它就是狠毒的反物质主义制度。阻碍了它的正是物质性。正是这惰怠、桀骜不驯的性质抵抗了其华而不实的计划。必须将实体物质消灭于无形。

就在着手杀死国王之前，麦克白和其夫人爆发了一场传统的人性信仰和"进步地"拒绝这种信仰的冲突。

麦克白：
　　适合男子汉敢做的一切，我都敢做，
　　没有人比我做得更大胆。

麦克白夫人：
　　你要是敢作敢为，方是男子汉；
　　超越自我，才是英雄好汉。

（第一幕　第七场）

这是麦克白和麦克白夫人两类人之间的口角。麦克白之辈认为，对人性的约束是对创造力的约束，而在麦克白夫人看来，身为人就是要不断超越这些约束。对麦克白本人来说，不自量力地想要超越这些对创造力的约束，就是毁灭自己，在追求成就一切之举中变得一无所获。这就是希腊人所称的狂妄（hubris）。在麦克白夫人看来，人性是不受约束的：

人性在一种可能的无止境过程中,可以随心所欲地、自由地创造和重新创造自己。你获取得越多,就越接近人性。就亚里士多德而言,他是会支持麦克白的。他认为:为利润而进行经济生产的观点是反常的,因为利润涉及于我们格格不入的无限性。对亚里士多德和社会主义而言,经济,必须牢牢扎根于道德之内,然而,一旦资本主义这种反常经济体系运转起来,最终看起来与人性背道而驰的,正是社会主义。

历史上,没有一种生活方式比资本主义喜爱超越和转变,更迷恋融合与多元。在其无情的工具主义的逻辑中,它不喜欢本性这个观念——因为本性只存在于自我实现和自我展开,完全是为了自己,压根儿不考虑目标的观念。这是这一社会秩序粗俗地厌恶艺术的原因,艺术可以看成这种毫无意义的现实镜像。这也是美学为什么在现代发挥了惊人的重大道德和政治作用的原因之一。

没有必要像反本质论者那样来想象:本性永远固定不变。我们所具有的不断重塑自己的本性最惊人的例子,就是人性。超越观点的支持者至少在下面范围内是正确的,即超越自我符合我们的本性。因为我们是辛勤劳作、具有语言和性欲的社会动物,创造文化——变化不已、异彩纷呈、没有限制的文化——符合我们的秉性。因而,很容易把我们所具

第五章 真理、德性和客观性

有的特定的天性,误认为没有任何秉性,结果就像超越观点的支持者那样,把自己塑造成浮士德的形象。我们可以像所谓的"唯物论者的"文化理论那样幻想:文化完全取代了我们的物质本性,泯灭了本性的最后一丝痕迹,而后在本性的坟墓上翩翩起舞。

容易这样思考的另一原因在于:本性的概念常常和作用(function)的观念联系在一起。一只手表能起到精确报时的作用时,就是只好表,因为它做了表该做之事。冒着听起来有点荒唐的风险,我们可以说表履行了自己的本性。但人的作用是什么?人生在世的目的是什么?答案肯定是:虚无(nothing)——不过要点正是虚无。我们的作用就在于无为。我们作用的目的本身就是实现我们的本性。我们这儿需要"本性"这个词来避免不得不说"实现自我本身就是目的",因为我们有能力做的许多事情是绝对做不得的。因此,"本性"这里就意味着"我们最有可能充分发展的方式"。因为这种方式所涉及的东西绝非一目了然,这就是为什么容易将这种情况误认为人类根本没有一种本性的另一个原因。

这是反本质论者所犯的错误。他们也许会让步承认:人在肉体的、物质的意义上具有本性;存在着将我们描述为一个物种的某些独一无二的特性。(尽管没有必要假设,人和其他动物之间因此存在着鲜明的断裂,自然既憎恶鲜明的突变,同样也憎恶真空)只不过他们看不到从这一点产生的特定的道德和政治后果。对他们来说,关于本性的这种说法不过是泛泛而谈,不能告诉我们任何信息。这种说法当然正确,但空洞无物。反本质主义者抱怨,人性的泛泛谈论令人不安,这没错。但他们面临的一个危险,是陷入一种唯心主义的形式。如果想贬低人性物质的"类存在"(species being)的重要性,你可能会假设人类只存在于意义和价值层面。这是知识分子容易犯的错误。

政治哲学家约翰·奥尼尔指出:大部分被后现代主义思想家批评为"本质论"的东西歪曲了无人辩解的有关本质的学说。[①] 他指出:本质论相信:有些东西之所以这样,是因为它们具备了一些必需的特性。要成为铜,就必须具备延展性、可塑性、可熔性、导电性,原子数为29等等。这并不一定说,一个物体的所有特性对这个物体都是必不可少的,也不是说同一类物体之间不能有很大的差异。所有的羊都互不相同。本质论并不意味着没有差别。也不能因此就说,所有

---

① 见约翰·奥尼尔:《市场:伦理学、知识与政治》,伦敦,1998年,第1章。又见特里·伊格尔顿:《后现代主义的幻象》,牛津,1996年,第97—104页。

第五章　真理、德性和客观性

归为同一种类的物体，确实都具有共同的基本特性。我们还得看一看，考虑考虑。本质论并不一定忽视自然和文化现象间的差异。文化现象会显现某些特性，没有这些特性，它们就成了别的现象。歌声没有了声音就不成其为歌声。反本质论主要是哲学票友（amateurism）和哲学无知的产物。

谈论人性确实很空泛，令人难堪。（尽管亚里士多德自己赞同这个观点，但他认为伦理学并不是普遍适用的原则。）"人"可以是个褒义词。（尽管作为世界上灵的外质［ectoplazm］首屈一指的权威，想不到他看上去就是一个普普通通的人。）"人"也可以是个贬义词，如在"人情味太浓"（all too human）。即使我们更进一步，证实美好生活就是能够尽可能自由、完全地实现自己本性的生活，人性到底具体意味着什么还不是很清楚。在任何特定的历史时期，人都有许多不同的权力和能力，但它们之中哪些是人类应该尽力实现或用什么方式来实现，却不明了。难道仅仅因为我们有体力，能这样做，我们就要将勒死他人的能力付诸实施？如果我们能折磨他人，那么，在某种意义上折磨他人是我们的本性。"人性"可以描述我们是怎样的生物，也可以意味着我们应该有怎样的行为；因此，懂得我们如何从"人性"的描述性意义跃向其规范性的意义，并非易事。

亚里士多德认为，有种特别的生活方式使我们成为我们这类生物中的佼佼者。这种生活方式就是追随有德性的生活。犹太－基督教传统认为：这种生活就是慈善或爱的生活。它的意义，粗略地说，就是我们促成互相的自我实现。只有促成了你的自我实现，我才能取得我的自我实现，反之亦然。亚里士多德本人很少显现这种互惠精神。这种伦理的政治形式通常被称为社会主义。对社会主义而言，正如马克思所说，每个人的自由发展是所有的人自由发展的条件。可以说，社会主义是政治化的爱或全面的互惠精神。

社会主义回答了这样一个问题：当我们，不同于亚里士多德，普及了自我实现的观念，并将之与犹太－基督教或民主－启蒙的信念，即每个人必须参与行动，互相融合在一起时，会发生什么？如果情况果真如此，如果人类自然地生活在政治社会里，我们可以尝试将政治生活安排得让每一个人都实现自己的独特能力而不妨碍他人；或者我们可以尝试组织这样的政治机构，让每一个人尽可能的互惠，达到自我实现。前者称为自由主义（liberalism），后者称为社会主义。判定社会主义优越于自由主义的一个原因基于下列信念：人是政治动物，其意义不仅仅在于他们要考虑互相都有自我实现的需求，而且还在于，事实上，他们还因为只能互相考虑才

第五章　真理、德性和客观性

能实现他们最深刻的自我实现。

然而，并不是每个人对爱或自我实现是什么、哪些美德重要、美好生活的这种模式都持相同的观点。亚里士多德所青睐的美德并不一定就是我们现代人热衷要肯定的。亚里士多德的德性和他自己的社会历史关系太密切，相反，他的人性观总的来说又不具有历史性。不过，马克思算是个不公开的亚里士多德主义者，却像他的恩师黑格尔那样，居然从这种伦理学中端出了强有力的历史批判。看来我们不得不争辩自我实现到底意味着什么；但这个问题可能过于复杂，我们无法得到满意的答案。现代人的生存，因为支离破碎、专业化、形形色色，对这个问题提出了太多的答案，而无法在这中间做出一个简单的决定。

道德问题为什么在现代尤其难以处理还有另外一个原因。这并不仅仅是因为在一个复杂社会里答案太多，而非太少；还因为现代历史使我们难以从非工具主义的角度进行思考。现代资本主义社会念念不忘地从手段和目的的角度来进行思考，思考用怎样的办法能有效地达到怎样的目的，他们的道德思维因而受到这种模式的影响。生活好意味着什么，因此也变成了采取行动实现某种目标的问题。唯一的问题就是：道德说教者们为目标是什么而继续斗嘴，对功利主义者而言，我们应该行动，为最大多数的人带来最大的幸福。对享乐主义者而言，我们应该采取行动，使得愉悦最大化，最好也包括我们自己的愉悦。还有些人认为，人类行动的目的，就是美化政治国家。更有些人认为，我们应该行动，以实现社会正义或者其他值得赞扬的目的。在一个看重结果的道德氛围中，如果知道屋顶马上就要塌下来，将砸到一个受伤的人并会了结了他时，是否还要试图去救他，有些人很可能会三思而后行。但是许多人依然会去帮助他。问问自己为什么要施以援手，耐人寻味。

并不是所有的现代道德思考都具有这种工具主义的性质。事实上，现代道德思想最具影响力的学派之一——源于哲学家伊曼纽尔·康德——其信仰恰恰相反。对康德派而言，重要的不是目标，而是我们不计后果，不顾行为对我们的幸福所造成的后果，以某种方式行动时的意志的纯粹。道德是一个责任的问题，而不是愉悦、实现、功利或社会正义的问题。我们可以把这个严肃、脱俗的道德学说看作是一种对目标导向思维的过激反应。幸福、愉悦之类的目标在现代社会似乎已变得脆弱和陈腐，真正的道德价值因此必须和它们一刀两断。康德说得对，道德行为本身，应该就是目的。行为遵循道德不仅仅是要取得某种结果。但他只能将"道德

第五章 真理、德性和客观性

行为本身,应该就是目的"与幸福和实现相分离的方法来表达这一点。而更为古典的道德思想试图达到的境界,正是这两者的结合。

对像亚里士多德这样的古典道德学家来说,幸福或安乐并不在于像牛一样的满足,也不是处于持续的性高潮状态,而是过着一种可以被描述为自由全面发展(thriving or flourishing)的生活。自由全面发展(flourishing)这个字,对我们来说,或许会具有生育能力强、劲头十足和令人脸红的内涵。但它也可以不具备这些内涵。它包含着,如显示仁慈或同情的倾听之意。我们得把"自由全面发展"之意排除在健身房之外。我们把满足本性本身作为令人愉快的目的,我们就生活得很好。因为我们的本性是和我们的同胞共有的,道德就成了天生的政治事务。正如菲莉帕·富特所言"要想知道一个个体是否过着应该过的生活,必须了解这种物种的生活形式。[①]"

美好生活于是就和令人愉快的安乐紧密相关。但令人愉快的安乐并不是美好生活的直接目标。使得愉快成为生活的目的(以米克·贾格尔为例,他看来在这方面有着非凡

---

① 菲莉帕·富特,《自然之善》,牛津,2001年,第91页。

的成功）或许意味着不得不花大量的时间来计划生活，而这计划反而让生活不那么愉快。米克·贾格尔悲剧性的缺失看来还不在于此，但它提出了下列观点：如果你真的想实现自我，最好的方法就是不要考虑自己。这并不是在提倡受压迫的人们，即那些忘记自己需求以使他人过上优裕生活的人发扬利他精神。这只不过是说，安乐不是你直接可以力争的东西，因为幸福不是诸多善中的一种。相反，安乐是许多不同种类的善的结果。在这个意义上，就什么才算美好生活而言，亚里士多德是个多元论者。

愉快来自安乐的深切感受。对亚里士多德而言，安乐又来自于具有德性的生活。"德性"（virtue）这里大约意味着如何做人的技巧或技能。如何做人是你必须擅长之事，就像打斯诺克台球或躲避房东那样。具有德性的人做人很成功，就像屠夫和爵士钢琴师胜任他们的职责那样。一些人甚至是德性的大师。在这个意义上，德性是世俗之事，但在成功是它的回报这一意义上它却是非世俗的。不会有很多公司董事，因为工作本身就是愉快而放弃薪水。美好生活是一种费力的技术性事务；它并不来自于内心的冲动。它就像一出好戏，需要反复的排演如何发挥人的本性并不是自然发生的。尽管清教徒很可能会同意上述观点，但他们不会轻易认同美

第五章 真理、德性和客观性

好生活就是快乐的自我实现。在他们看来，如果美好生活使人感到愉悦，它不可能是道德的。

这并不表明，应该抛弃对道德的工具性观点。如果我们是历史性的动物，我们肯定也是工具性的动物，关注用何种适当的手段来达到目的。如果美好生活就是遵从本性来行事的生活，如果这适合于每一个人，那么，要使这样的遵从有全面的可能，便要对物质条件进行彻底的改革。这就需要称为激进政治的那种工具性行为。要想达成我们不必这样实用地生活的境地，需要许多实用的活动。在现代，这个计划就叫做社会主义。

这里，手段和目的之间存在着潜在的悲剧性冲突。如果为了创造出不那么执迷于手段—目的的生命体，我们必须采取工具主义的行动，那么，我们必须过一种我们会接受的不甚如意的生活。在最糟的情况下这种生活可能意味着有些人可能觉得需要为他人牺牲自己的幸福。说这是悲剧，是说这等牺牲并非是最如意的生活方式。道德讨论的是如何自我实现，而不是如何自我克制。只是对某些人来说，为了实现这种理想的生活方式，自我克制是历史的必需。不幸的是，有些情形下自我实现只能通过放弃才能实现。如果历史不是那样悲惨，这样的放弃就没有必要。如果这是一个公正的世界，就用不着为了重建而摧毁我们的生存条件。

所有这些和客观性有什么关系？关系就在于自由全面发展不完全取决于主观。这并不意味着仅仅因为自由全面发展与我们毫不相干，它就取决于客观。就如同巨人堤（Giant's Causeway），不管我们是否看着它，它都依然存在。伦理学确实和人类相关，但只是和他们是怎样的人有关，和他们喜欢什么无关。有些种幸福可能是主观的，因为人们如果认为自己幸福，他们就心满意足。有时候你就得相信他们的话。但在幸福这个词的更深层涵义中，你认为自己幸福的想法可能是错的。但很难弄清楚感到心满意足和无拘无束怎么就错了，就像有一种痛楚而又不知道是什么痛一样。

然而，要确定真正重要的那种幸福却相当不易。你不可能仅仅通过反省来判断你的生活是否自由全面发展，因为它涉及你怎么做，而不仅涉及你怎么感觉。幸福与生活得好、行事漂亮有关，而不仅仅与你的感觉好有关。对亚里士多德而言，幸福是一种实际行动或活动，而不是心境。它与如何实现你的能力有关，而与特定的生活观无关。

人必须在更宽阔的背景下来观察自己的生活，而不仅仅是检视自己的感觉。这种更宽阔的背景，正是亚里士多德所称的政治。你必须在时间的背景下来观察自己——把自己

第五章 真理、德性和客观性

的生活理解成叙事（narrative），目的就是要判断生活进行得好还是不好。这并不意味着从长第一颗牙到牙齿掉完这一过程中所有的事情都得形成一个合乎逻辑、条理分明的整体。许多叙事不管它怎样的精巧，都不具备这统一性。叙事可以是多重的，断裂的，反复的，分散的，但依然是叙事。最后，你必须了解什么才算是人类明确具体的那种自由全面发展。这并不仅仅是个人事务。什么才算充分发展并不由你来决定，正好像你决定不了对麋鹿而言什么才是稳定的心态。你不能说"在我看来，折磨蒂罗尔人（Tyolean），就是全面发展，"——不是因为这句话不对，而是因为规则不是由你来决定。正如决定论者和存在主义者断言的那样，种种道德价值并不是你碰巧赞成的东西。有些道德思想家认为：道德价值是我们所有人碰巧赞成的东西——道德价值是互为主观的（intersubjective），而不是主观的。但前述道德考虑的方式却与之相左。哪怕我们都一致认为：折磨蒂罗尔人是个好主意，它依然不能算作人类自由全面发展的例子。有些人会认为这是个令人难以处置的客观主义的立场，尽管蒂罗尔人不会抱有这种观点。

仅仅通过内省无法知道自己是否在充分发展的另一个原因，是充分发展是个复杂的观念，涉及各种因素。你有可能在某些方面充分发展，但另一方面却不是。得问问自己是否健康、开心、舒适、能否与别人融洽相处、享受生活、创新工作、关爱他人、善解人意、处事灵活、忠于友人、负责、自立等等。这些事情有许多不能由你完全掌控。你不能凭意志就感到幸福或舒适。幸福或舒适至少要求有一定的社会和物质条件。

能否过上道德的生活，也就是说人类独有的一种臻于完善的生活，最终取决于政治。这也是亚里士多德在伦理学和政治学之间不做严格区别的原因之一。他的《尼各马可伦理学》开篇就告诉我们，有"一门研究人类至善的学问"，然后出人意料地补充说这门学问就是政治学。伦理学在他看来，是政治学的分支。没有人能忍受饥饿、痛苦、压迫而充分发展。但这一事实并没能阻碍亚里士多德自己赞同奴隶制和压制妇女。要成为善人，就得有个良好社会。当然，在极其恶劣的社会条件里也有圣人，但我们欣赏他们，部分是因为他们太稀缺。将伦理学建立在这种稀缺性之上，就好像是限制每人一天只能吃三根生的胡萝卜，仅仅是因为几个怪人据此能够幸福地生存下来。

在亚里士多德看来，伦理学是和人类欲望有关的学科，因为欲望是推动我们所有行动的动机。伦理教育的任务就是

第五章　真理、德性和客观性

重新教育我们的欲望，使我们能在行善中收获愉悦，而在作恶时感受痛苦。伦理教育并不仅仅是咬紧牙关，向某些蛮横的道德法则投降而已：我们需要学习才能享受正义、仁慈、独立等等。如果我们体会不到伦理教育的重要性，那它就不是真正的道德。因为我们所有的欲望都具有社会性，所以必须放在一个更宽阔的背景之下，这个背景就是政治。激进的政治就是对我们的欲望进行再教育。亚里士多德当然不是激进分子，但他认为，积极参与政治生活本身就是善行。共和主义是政治的一种伦理形式。积极投身政治有助于我们为德性创造社会条件，积极投身政治本质上也是德性的一种形式。它既是手段，也是目的。

于是，你可能会对自己能否充分发展产生误解，在这件事上其他人比你本人更具有洞察力。这是道德具有客观性的一个重要意义。不管感觉到快乐到底意味着什么，感觉到快乐可能是应该像人类那样充分发展的一个迹象。但这不是充分发展的铁证。你感到快乐，也许是因为被你绑架的人的父母亲刚刚拿着赎金露面。也许是因为在令人沮丧的生活中出现了罕见的运气。然而重要的是，殖民主义者向我们保证原住民正在充分发展时，我们最好还是保持谨慎。

当原住民自己也告诉我们，他们正在充分发展时，问题就产生了。我们还能说什么呢？不愿意说殖民主义者所言正确的自由民主人士或后现代主义者，说到被奴役的人民所言不确时也会疑虑再三。难道我们支援殖民地人民还不够，没有告诉人民，他们太笨，看不出自己的悲惨境地？事实上，被当作二等公民的人们根本不会愚蠢到认为自己在自由全面地发展。没有那点智力，他们从一开始就不会被认为有用，可以剥削。他们或许偶尔会感到满足，或是相信自己只配过这样的生活，或者默默承受自己的处境，那是另一回事。反正如果我每告诉你一件事，都带着令人讨厌的恩人的口气，那你也会以同样的方式来回应我。哪怕近十年来，我被埋在一吨发烂的石棉下，只能用三个手指叉起干草塞进自己的嘴，我也不能忍受像你这样的精英分子，用高高在上的屈尊的口吻来告诉我：生活还有更好的方式。我的决定或许非常糟糕，但他们至少是我自己所做的决定。

由此可见，存在着某些公共标准，可以用来确定我们或其他人是否充分地发展。不能仅仅从审视自己的灵魂来了解我们的行为是否得当。正如路德维希·维特根斯坦所说：灵魂的最好形象乃是人的躯体。我是怎样一个人的最佳形象就是我的所作所为。这两者紧密相连，就如同字和字的意义。这些公共标准提供给我们一个理由，来反驳那些认为快乐或

第五章 真理、德性和客观性

康乐不是实际生存状态,而是个人心态的人。但快乐,不仅仅是一种心态,就像下棋也不是一种心态。人们也许会对自己的处境感到满意;但是如果,举例来说,不允许他们在决定自己的生活中发挥积极作用,那么,在亚里士多德看来,他们就不会真正地感到满足。对亚里士多德来说,德性是一种卓越;尽管奴隶偶尔也感到自己生存状态良好。但确切地说,他们并不是为人出类拔萃的实例。要是他们确实如此,我们就用不着费力去解放他们了。客观性首先是政治事务:客观性就是反驳那些坚持认为只要自己感觉良好就万事大吉的人的手段。它是对假日野营心态的批判,或者就像布莱希特很不客气地指出,"希望自己内心能感到温暖的人渣"。没有感觉良好的物质条件而想让自己感觉良好,是对自己不公。

然而,客观性和伦理学之间还有更深的关系。客观性可以表示对他人需求的无私和坦诚,非常接近于爱。它的对立面不是个人利益和个人信仰,而是利己主义。努力看清他人的真实处境,是关爱他人的基本条件。这并不是说,只能有一种方法来描述一种处境。说"写书",准确地描述了我正在干的事情,但并不是说这是可以描述我眼下所做之事的唯一方法。无论如何,重要的是,真诚地关爱他人并不会阻碍我们了解他们的真实处境，而是使得关爱的实现有了可能。和爱是盲目的这一格言相反，正是因为爱含有彻底接纳之义，爱才使我们能真正看清他人。

关心他人就是身处异地而心挂对方，是一种忘我无私的关注。如果人们的爱或信任得到了回报，在很大的程度上，正是这种回报给了人们忘却自我的自信，否则的话，这种忘却就会是件冒险的事。我们需要顾及自己，部分原因就是恐惧。而源于别人信任的这种自信使得我们能战胜恐惧。要想以任何绝对的方式达到这样的客观性，我们就必须彻底地超脱现实。但这不太可能是介入客观性的最容易的方式。但是，最终不能达到客观性这一事实，不应该阻止我们做出如此的努力。

要想保持客观是艰难而又辛苦之事，最终只有道德高尚之辈才能做到。只有具有耐心、诚实、勇气和坚毅的人们才能穿透阻碍我们看清真实局势的重重自欺。保持客观，对大权在握的人来说尤其困难，因为权力往往带来幻觉，使自我陷入一种吹毛求疵的自恋心态。尽管权力只讲实用，认为整个世界都卑躬屈膝，把它当作中心，因此它满是妄想。它将现实作为自己欲望的镜子。正是那有相当坚实的物质存在的人往往才会认为这个世界是不坚实的。权力天生就是唯我

第五章　真理、德性和客观性

独尊的，无法摆脱自我。就像性欲，它是我们最幼稚的地方。只有那些无权无势的人才有可能理解这个世界并不迎合我们的需求，而是随心所欲地运行着，瞥都不瞥我们一眼。

既然如此，知识和道德就不像现代假设的那样，终究是无法分离的。这一点，在我们对彼此的互相了解上看得特别清楚。彼此的了解（knowledge of each other）涉及想象、敏感、情感智力等等这类道德能力。了解另一个人，不像了解里约热内卢最奢华的酒吧；它是与道德价值密切相关的知识。现代在知识和道德之间、事实和价值之间打进了一个楔子；但是考虑到世界的复杂性、某些世俗表象的欺骗性以及我们自己长期惯于的自欺欺人，也因为事实的确是个使人精疲力竭的过程，因此，这种了解必定涉及某种价值。了解需要自制、审慎、细心、自省，有识别能力等等。因此没有某种美德，就没有人能够写出棉玲象虫的伟大历史或提出惊人的科学发现。这也许就是路德维希·维特根斯坦自问，如果做不成体面之人怎能成为优秀的逻辑学家时的想法。不开诚布公地和人讲话，不愿意倾听，不能诚恳地争辩，承认自己有错，没有人能在探究这个世界时取得真正的进展。

看清别人真正处境的反面是多愁善感。多愁善感认为这个世界受到自身的良性影响，而自私自利却恶性地影响世界。这个自我中心认为世界只不过是想象中自我的重合,其对立面就是现代理论所称的"去中心化"或者更传统的称谓"无私"(disinterestedness)。无私,一个因为其假冒的不偏不倚而被文化左派几乎普遍蔑视的观念,并不是作为利益的对立面,而是作为私利的对立面在18世纪发展起来的。无私是用来反驳霍布斯派和利欲熏心之辈的武器。无私并不意味着从奥林匹亚山巅来俯瞰世界,而是带着同情或是同感来看世界。它意味着满怀想象努力感受他人的经历,分享他们的欢乐忧愁,而不是考虑自己。乔治·艾略特就是这一伦理传统在19世纪的伟大传人之一。在这个范围内,道德和美学紧密地联盟。这并不是说我们没有利益,其实我们的利益扎根不在我们自身,而在别人身上。这种充满想象力的同情,就像是亚里士多德心目中的德性,本身就是它的回报;它并不追求利润,却欣然以他人的康乐为乐。无私——后现代理论最为时髦的幻想,是对早期中产阶级社会自负的个人主义的猛然一击。从渊源上来说,无私是激进的政治概念。[①]

力争做出不带偏见的判断在感情上劳心伤神。这种判断绝不会自然而然地形成。客观性需要相当程度的激情——

---

① 举例来说,这就是伟大的爱尔兰哲学家弗兰西斯·哈钦森的无私观。见 R. S. 唐尼编,《弗兰西斯·哈钦森:哲学著作》,伦敦,1994年。

第五章 真理、德性和客观性

特别是处事公正,允许大家讨论、修改自己固执偏见的激情。无私并不意味着神奇地超脱于利益,而是意味着承认:你的一些利益对你没有好处;或是承认暂时搁置自己的某些利益有利于有效地完成某项工作。它要求想象、同情和自我约束。在某个特定的形势下,做出他人的利益高于自己利益的决定,并不需要你道貌岸然地超然于争辩之上。恰恰相反,准确地作这样的判断需要积极投入激烈的争辩,从内部评估局势,而不是徜徉于你无法知道任何真情的争辩双方的中间地带。不需要站立在形而上学的太空才能意识到,应该让你的仆人流连在他即将辞世的父亲身旁,而不是打发他在隆冬时节,穿过土匪横行的森林,步行15英里为你买一块土耳其软糖。坚持要派出仆人去买糖就是太不近人情,——对那些认为理性,而不是非理性是冷漠的人,这一点值得深思。

当然也可以为了私利而免除仆人十五英里的徒步行程。也许你想用自己的慷慨使他感恩戴德,以便大幅度地降低他的工资,或是害怕他在下次熨烫内衣时故意烫焦,来作为报复。然而,重要的是你的所作所为。这并不是说你的意图一点都不重要,这只不过是说你的意图不够重要。意图执著的重要性一直都是某些道德思想所头疼烦恼之事。因此,它这个观点偏向于我们一直在检验的古典伦理学。道德价值存在于我们这个世界，而不在于我们的心灵。在那个意义上，道德价值看起来类似意义，它首先存在于历史，而不存在于我们的头脑。

在亚里士多德看来，德性不是一种心理状态，而是一种禀性——禀性意味着哪怕你一点都不行动，你也始终以某种方式做到了未雨绸缪。这和你在特定形势下的习惯行为有关。善是习惯问题。就像吹长笛，练得越多，吹得就越好。善，并不像我们后浪漫时代的人往往假设的那样，我们心里先萌发出道德感情，然后再付诸实施。这就像想象先花三年时间，在脑海里学习如何吹奏长笛，然后拿起这乐器，马上能吹出悦耳的曲调。确切地说，我们的行为创造了相应的心情。出于习惯性地做勇敢或慷慨之举，我们就会变得勇敢或慷慨。这，又很像意义这个问题。我们并不是先有愤怒这个概念，然后再用文字来表达它的；要了解愤怒这个概念，就要了解社会习俗是如何使用这个字的。

客观性并不意味着不带立场的评判。相反，只有身处可能了解的局面，你才能知道局面的真相。只有站在现实的某个角度，你才可能领悟现实。以地球上受苦受难的人为例。他们比他们的主人更能理解人类历史真相，——并不是因为他们天生就有更敏锐的洞察力，而是因为他们能从自己日

第五章 真理、德性和客观性

常的经历中弄清楚：大多数人的历史，在很大的程度上，只是面临专制暴政和徒劳的苦役。正如迈克尔·哈特和安东尼奥·奈格里在他们的著作《帝国》中所指出的："只有贫困与苦难中的穷人，才能激进地生活在实际的和当下的状态中，因此，也只有穷人才有更新生存的能力。"[①] 只有那些了解事物灾难性的人，才能完全摆脱幻想和既得利益来改造局势。不了解问题的严重性，绝无有效改造局势的可能；而要充分了解这种灾难性，就得身临其境，或者至少要得到从哪儿传来的信息。

因此，在只可意会和非正式认识的层面上，穷人比他们的统治者要更懂得历史是怎么回事。客观性和派系并非对手而是盟友。所以，不利于客观性产生的是自由派人士审慎的不偏不倚的态度。正是自由派人士才会相信下列荒诞说法：只要不偏不倚，就能正确地了解局势。这是工业牧师对现实的观点。自由派人士无法把握一方比另一方有更多实情的局面。即：无法把握一切关键的政治局面。因为这样做就是将真理等同于某一方面，而不是对称，而这并不是自由派看问题的方式。在他们看来，真理一般来说处于中庸。或者，如

[①] 迈克尔·哈特、安东尼奥·奈格里，《帝国》，麻省，剑桥，2000年，第157页。

雷蒙·威廉斯所言：英国人疑虑时，总会想到钟摆。面对穷人提出的历史多半是悲惨和苦难的观点时，自由派人士本能地出来调整平衡：难道就不曾有光辉灿烂和价值吗？确实有，但声称这两者互相平衡肯定就是篡改历史。不偏不倚在这儿并没有听命于客观性。真正的明断意味着要采取立场。

我们往往认为主观涉及自我，而客观涉及外界。主观和价值有关，而外界与事实有关。这两者如何结合往往像个谜。然而，他们合二为一的一种方法就是进行自我反省。或者，换句话说，就是翻着古怪的前空翻，或是后空翻，自我在这过程中认为自己是认识的客体。客观性并不仅仅是自身之外的状况。客观性，其形式表现为自知之明，乃是所有成功生活的先决条件。自知之明与事实和价值无法分割。它和了解你自己有关，但了解的行动过程反映了一种兰花和鳄鱼所不能了解的价值。

如果说认识世界就得在自我欺骗的复杂领地进行深入探究，认识自我就得更进一步。只有具有非同寻常的安全感的人，既不对自己的发现文过饰非，也不深感无益的内疚，才有勇气直面自身。只有自信有人爱、有人信任的人，才能得到这种安全感。这是知识与道德价值的另一个连接点。既然畏惧是我们的自然境况之一，我们就只能将真正的自我

第五章 真理、德性和客观性

展现给自己所爱、所信任的人们。正如莎士比亚的《恶有恶报》中公爵对玩世不恭的卢修欧所说"真知表爱情,真爱传知识"。在袒露自我、信任他人之时,知识与价值息息相关。同样,只有知道自己还会被人接纳时,人才敢于直面自我的真实。在上述意义上,价值和客观性并不像众人所认为的那样互相对立。

客观性的对立面之一是自恋。相信外部世界是独立于我生命之外的客体,就是认可在自己死后,世界依然会无动于衷地运行。① 这既是我的推测,即因为我将不再活着,无法证实它,也可以说这是铁定之事。这个世界的民主公正无可挑剔:客观性不关注我们中的任何人。它无需靠我们对它的好评才能生存,而奴隶就要靠着主人对他的好评才能生存。只有那些幻想着现实可能会关注他们或者曾经关注过他们的人,才会表现得像被抛弃的恋人。那些想象世界对他们一见钟情,世界在某种程度上依赖他们的生存的人,永远无法长大。如果应该相信弗洛伊德,那么,我们确实是无法长大成熟的。成熟,确实只是年轻人所抱的幻想。但是,幼稚

---

① 独立与客观性,当然不是同一回事。正是因为我们认可某事独立于我们之外,试图看清某事真实面目的问题才得以产生,我们不会致力于看我们幻觉的真实面目。

有着不同的程度。超级模特和唯心主义哲学家的在这里名列前茅。

这样的人确实也难以承认他人有自主权。我们承认世界客观存在的方式之一就是承认他人的存在，他们的表现清楚地显示，在非常基本的层面上，现实对他们，对我们都是一视同仁的。如果现实看起来不是这样，那么，至少也会有人站出来，我们可以和他唱唱反调。确实，他人才是显示客观性的典范。他们不仅是独立于我们之外的这个世界的一部分，而且只有他们是让我们铭记这一真理的这个世界之内涵的一部分。他人是活动着的客观性。正因为他们是同类主体，所以他们才能向我们显示他们的他性，并且在这个过程中，揭示了我们自己的他性。对保守派而言，世上有种东西不能胡乱捣鼓，这就是财产。对激进派而言，也有种东西我们无权过问，那就是他人的自主性。这正是我们构建我们客观性观念的基础。自由派的特点是两边下注，即既认可财产，也认可自主性。

第六章　道德

长期以来，文化理论家把道德问题当作令人尴尬之事来躲避。道德看起来一副说教的样子，没有历史根据，自命清高，并且严厉苛刻。更不讲情面的理论家认为，道德问题一味多愁善感，违背科学方法。它通常只不过是压迫他人的花哨的代名词。道德是我们父母认可的议题，而不是我们思考的议题。道德大部分似乎和性有关，或更准确地说，和我们为什么不应该有性行为有关。从1960年代起，性行为是种神圣的职责，就像涂睫毛膏或祭拜祖先，道德迅速地让位于时尚。或者，确确实实地说，让位给了政治。伦理道德是住在郊区的人的事，而政治才是酷。

伦理学适合那些对是否要携手上床大惊小怪的人，而不适合于那些热衷政治的人。这倒不是说热衷政治的人不会和人上床，而是他们并不因此大惊小怪。所谓的道德问题，例如，从当地的书店里偷一卷昂贵的尼采著作，可以由提出下列问题得以解决：这种行为有多大的可能促进或延缓工人阶级的解放。既然偷书不可能严重妨碍工人阶级的解放，因此偷书也许是可以允许的。整架整架的尼采和马尔库塞的书籍因而从书店和图书馆消失，只剩下瓦尔特·司各特以及温斯顿·丘吉尔的书信集。

我们已经表明，这种道德观点是错误的。道德完全和享受生活、和富裕的生活有关。对古典思想而言，区别伦理学和政治学很困难。尽管如此，文化理论家对道德问题还是忧心忡忡。因为他们似乎是忽略了政治问题，而把它们当作了个人问题。道德不就是诸如守信、不私通，而和工资协议、电视特许经营权之类无关的问题吗？的确，道德通过化艰难的政治问题为个人问题，已成为躲避政治难题的常用方法。以所谓的反恐战争为例，"邪恶"这个词的真正含义是：别寻求政治解释。这真是个省时间的利器。倘若恐怖分子确实极其阴险邪恶，那么你就不用去调查他们残忍的暴力行为后面的动机。你可以不顾巴勒斯坦人民的困境，或忽视其他阿拉伯人的困境，后者深受西方因自私和亟望获得石油而支持卑鄙的右翼独裁政权之苦。

"邪恶"一词将从世俗领域的问题转化成一个险恶的形而上学问题。你无法承认恐怖分子所犯的可怕罪行还带有

第六章 道德

目的,因为认为这种人的行为还具有目的,就是承认无论他们如何胆大妄为、执迷不悟,他们还是理性动物。把敌人丑化成一群嗜血禽兽很容易,——但这是个极其危险的举动,因为要打败对手,必先了解对手。英国小报也许会把爱尔兰共和军看成和猩猩类似的禽兽而不是游击队,看成行动毫无理性可言的野蛮人,但英国的情报机关就不至于糊涂到这一步。他们理解共和军杀人犯和他们所犯下的屠杀并非没有目的。确实,将"疯狂"的标签贴在敌人身上,就是在道德上让他摆脱困境,免除他所犯罪行的责任。

以纯粹个人的角度来定义道德,就是相信青少年成为不良少年,比如说,与他们受虐待和遭遗弃的经历无关。有时具有这种观点的人会指出:并不是所有受虐待孩子都成了不良少年;不过,也并不是所有吸烟的人都会患上肺癌。这并没驳倒这两者之间的关系。道德价值必须像艺术力量一样独立于社会力量之外。隐匿在这个观点后面的恐惧就是:解释就是宽恕——人们竟然会相信多愁善感的社会工作者那否认人性恶现实的道德理论。

然而,几乎没有人相信,解释与希特勒兴起有关的复杂历史因素就是宽恕他的罪行。至少,现在几乎没人相信这是一种思想罪,尽管它曾经很可能被认为是思想罪。部分原因正是恐怖主义已经来临，所以政治解释被认为给恐怖主义带来宽慰，纵然政治解释事实上将有助于战胜恐怖主义。根据这种观点的更为稳健的说法，有些不道德的行为，我们可以从社会角度来解释，而一类特殊的行为，即众所周知的邪恶，我们却不能从社会角度来解释。我们将在后面讨论这种看法。

求助于道德，就像求助于心理学一样，已往往成为避免政治争论的方法。抗议者的抗议没有道理，他们只有溺爱的父母亲。反对巡航导弹的妇女只不过是满脑子的阴茎妒忌（penis-envy）。无政府主义者是训练幼儿使用夜壶不得法的结果。从古典道德思想来看，所有这一切具有深刻的反讽意味。正如我们所见的，对亚里士多德而言，伦理学和政治学是密不可分的。伦理学论述如何善于为人，但没人能单独做到这一点。此外，除非存在着允许你这样做的政治机制，否则任何人都做不到。马克思继承的正是这种道德思想，甚至他的经济思想也承继亚里士多德。善恶的问题被错误地从它们的社会背景中抽象了出来，而又不得不回归于社会背景。在这个意义上，马克思就是古典意义上的道德学家。他相信，道德探索必须检验组成特定行为或特定生活方式的所有因素，而不仅仅是个人行为或个人的生活方式。

第六章 道德

不幸的是，马克思是个古典道德主义者，他似乎并没有意识到这一点，恰如但丁没有意识到他生活在中世纪。像他以后的许多激进分子一样，马克思认为：总体上来说，道德就是意识形态①。这是因为他犯了典型的资产阶级错误：混淆了道德与道德主义（moralism）。道德主义认为存在着一整套被认为与社会和政治问题截然不同的道德问题。它并没看到"有道德的"（moral）意味着尽可能丰富而敏感地探索人类行为的肌理和特性，以及不能通过把男男女女从社会环境中抽离出来而做到这一点。这正是如小说家亨利·詹姆斯所理解的那样的道德，而不是另一些人认为可以把道德归纳为规则、禁律和义务。

然而，马克思犯了把道德界定为道德主义的错误，因而，很可以理解他摒弃了道德。他似乎并不理解自己是现代的亚里士多德。我们时代的古典道德典范是女性主义。它以自己

---

① 这种观点最典型的是詹明信的下列文字，见他著作中几处系统阐述中的一处："伦理，不管它在哪里露面，都可以被认为是意图要神秘化的符号，而且特别是要想用舒舒服服的简化二元神话来替代对更严格的政治和辩证视角所做的复杂而模糊的判断的意图"（《侵略的寓言》，伯克利，洛杉矶，1979年，第56页）。詹明信不仅错误地相信所有的伦理都代替了政治；还错误地认为伦理始终是善恶之间的僵硬二元对立。这是对一个大概是过分简单化现象所做的过分简单的叙述。

的方式坚持道德和政治、权力和个人的交织。首先正是这种传统，亚里士多德和马克思的宝贵遗产才得以深化和新生。这并不是想象个人和政治是同一回事。一个人既能过度政治化，也能过度个人化。英国女性主义者在盛怒之下曾经考虑过，要在自己的衣领上别上徽章，写上"个人的就是个人的，所以滚开"，她们准确地说出了核心问题。只不过个人与政治的区别和道德与政治的区别不尽相同。正是女性主义首先成为我们时代这一宝贵洞察力的看护人。

像伟大的小说家那样来理解道德，就是要把它看成差别细微、性质与层次错综交织的结构。小说传达道德真理，尽管不是奥拉尔·罗伯兹、伊安·帕斯利认可的那种意义上的道德。有道德寓意的小说不大可能使人在道德上感兴趣。《金发姑娘》（Goldilocks）不是寓意最深的寓言。但这个寓言，如同我们所见，并不是要不假思索地摒弃规则、原则和义务。亨利·詹姆斯的小说中确实也有好些规则、原则和义务。但这样做是为了让它们处于不同的背景。一些行为方式对人类的生活的全面发展至关重要，也有一些是对之有害的，所以我们要用法律、原则和义务来限制它们。它们是美好生活基本框架的一部分，但本身并不是目的。并不是说原则不可通融，而我们其余部分的行为只有依循经验。原则是可以变通

第六章 道德

的，但依旧是原则。原则和我们生活的其余部分相区别的并不是它们的刻板（unbendability），而是它们所捍卫或促进的丰裕生命的重要本质。例如，除非你有法律禁止不义的杀戮，你不可能做到这一点。任何充分发展的生命形式都有它的义务和禁律。唯一的问题是，你可能会把道德等同于义务和禁律，而不是发展的现象。

这大致就是圣保罗对摩西律法的态度。圣保罗对摩西律法持批评态度，但并不是因为他误以为：犹太教法律是奉行宗教仪式和信奉摩西律法者应该遵守的戒律，而基督教福音讨论的是爱。作为虔诚的犹太人，圣保罗理解得非常清楚，摩西律法是爱和正义的律法。它并不是关于洗涤、饮食的神经质的小题大做。以人类同情心的名义，而搁置此律法，和犹太教并不相悖。例如，摩西律法不许制作上帝的雕像，其实是禁止拜物教。雕刻上帝的图腾是将他变为意识形态的偶像，然后把它作为神秘的装置来加以操作，以使它符合你的愿望。对犹太教圣典而言，你不能制造上帝的雕像，甚至不能给他起个名字，因为上帝唯一的形象就是人。而人也同样是无法定义的。另一个类似的意识形态崇拜（fetish）就是劳动。这也是为什么摩西律法坚持认为人们在安息日要得到周期性的休息。这和上教堂无关。当时还没有教堂，它与闲暇有关。

同样，禁止偷窃几乎可以肯定与私有财产无关。大多数《旧约》学者现在都会同意，禁止偷窃可能和偷盗人群有关：也就是绑架。当时绑架多有发生。可以从别的部落抓到年轻的劳动力时尤其如此。《旧约》时代的犹太人，在私有财产上还不富裕，以致需要从西奈山上领取与此有关的特别的法令——与此相对照的是，那时通奸却大行其道。敬重父母几乎可以肯定与如何对待老人和部落里经济困难之人有关，而和核心家庭无关。那时还没有核心家庭。

认为《旧约》时代的犹太人是一群官僚的律法主义者的观点，是基督教反犹主义的一部分。这种反犹观点散见于反犹的《新约》之中，《新约》就是用这种方式来讽刺法利赛人。法利赛人当然是纯正主义者，但他们也是反罗马帝国的犹太民族主义者，同情从事地下活动的革命的奋锐党人。耶稣基督不得不说的好大一部分话，听起来就像标准的法利赛言辞——尽管他也恶狠狠地咒骂法利赛人，部分原因是想使自己和他们保持一定的距离。

同样，没有法律也就没有爱。在犹太–基督教传统中，爱意味着以某些物质的方式行动，而不是在心中感到温暖的喜悦。例如，爱意味着照顾病人和囚徒，而不是对他们抱有

第六章 道德

浪漫情感。所有这些有时需要被编成法典。部分原因是穷人需要法律来保护他们。他们如果想依赖上司心血来潮和善良慷慨，那才是愚蠢。爱是众所周知的朦胧、复杂之事，而道德语言则试图把认为是爱的要素弄得非常清晰。爱邻居这样的训谕并不是基督教的发明，而是源于《旧约》的《利末记》(Leviticus)。人们用不着等待公元一世纪一位名不见经传、也许还不如其恩师施洗者约翰那样能聚集人气的犹太预言家到来，才开始互相友善。

法律必须精准，因为法律的模糊可能造成不公。强奸犯可能因为法律文件起草人的模棱两可而逃脱惩罚。和苛刻雇主谈判的人在讨论合同时，文字要尽量精准方为明智。法律的精神并不总是比法律文字更为可取。莎士比亚的夏洛克之所以"残忍地"坚持要一字不差地履约，其中一个原因是：他这样做，就是力求揭露基督教统治阶级的伪善，为了使自己的一个同胞摆脱困境，会诉诸任何卑鄙伎俩或诡诈的含糊其词。夏洛克墨守法规，以极其荒谬的戏仿，揭露了基督徒自己的墨守法规。而这，对于一个受人鄙视的犹太人来说，是个了不起的成就。

多愁善感突发之时，不应该非难法律的严谨。耶稣基督怒斥文牍主义，但他在很大程度上维护着犹太律法。犹太统治阶级将耶稣交给罗马殖民政权的一个原因，可能是他们对耶稣是否违反了摩西律法各持己见。法律必须要铁面无私，方能平等对待受法律庇护之人。"特权"意味着"私法"。平等待人并不意味着把他们当作同样的人等来对待；平等待人就是不偏不倚地处理每一个人的独特处境。平等也就是对一个人的特殊性和另一个人的特殊性给予同样的重视。我们将在后面看到爱也有一种超越个体的一视同仁（inhuman anonymity）。

只不过在圣保罗看来，律法确实是为儿童和新皈依的基督教徒而设定的。法律也是为那些还没道德主见，因此还得靠法规和斥责来扶持的人而设定的。他们没有发展出自发的德性，而且还以迷信的方式认为，道德是冒犯上司或平息上司愤怒的举措。他们所拥有的是学步者的伦理学理论。法律有可能帮助他们渐渐具有喜人的道德自主性，但只能在扔掉了T字形拐杖，独立行走之后，方能做到这一点。同样，我们知道，某人只有在不用阿尔巴尼亚语字典之后，才可以称得上精通该语言。或者说当某人开始对自己所教的绘画或韵律学规则融会贯通并能随机应变之时，我们才知道她的艺术生涯确实已是炉火纯青。学习这些规则有助于他知道何时抛弃这些规则。

第六章 道德

不久前,文化理论家们才开始认识到,人是不能完全没有道德说教(moral discourse)而生活的。执掌政权之人则有可能取得这一伟绩,因为他们总是完全用行政管理的方式来定义他们的权力。政治是公共管理的技术性事物,而道德则是私事,政治属于会议室,而道德则属于卧室。这导致了许多不道德的会议室以及具有政治压迫性的卧室。因为政治曾被重新定义为纯粹的老谋深算和讲究实际。它现在几乎成了伦理的反面。但因为政治还没厚颜无耻到完全抛弃伦理,政治必须以某些道德价值的名义开展,同时又无法避免违背这些道德价值。权力需要那些价值给自己以合法性,但那些价值也威胁着要严重阻碍政治。这也是我们为什么正在见证一个新的、后伦理时代的诞生,在这个时代里,世界列强已不屑于用华而不实的利他主义的语言来粉饰他们赤裸裸的私利,而是对其私利大言不惭了。

然而,政治左派却不能用这种纯技术的方式来定义政治事务,因为政治左派所铭记的解放政治,已不可避免地牵涉到价值问题。某些传统左翼思潮的问题是:你越是试图落实你的政治议程,使它成为科学的、唯物论者的事务,而不是不切实际的乌托邦梦想,你就越有可能败坏你政治议程力争要实现的那些价值。举例来说,要在科学的基础上建立,说

149 正义的观念,是不可能的;那么,你究竟以什么名义来谴责资本主义、奴隶制或性别歧视?除非你对何谓不受压迫,以及为什么受压迫打从一开始就是件坏事有些许理解,否则就不能把人描绘成在受压迫。这牵涉到规范性判断,这些判断因此使得政治看起来就像是伦理,令人尴尬。

总体来说,文化理论在这件事上是很不成功的。文化理论一直没能使人信服地反驳那些认为奴役、虐待他人没什么过错的人。迄今为止,它辩驳不力而又安然脱身的唯一理由就是:我们身边持那样观点的人不多。几乎所有人都同意剥削他人是错的。只是大家为什么观点一致却是众说纷纭。大家也不同意什么能被算作剥削。这也是为什么诸如社会主义批判资本主义、女性主义批判男权政治远非不证自明的原因。要认识某种状况是否虐待人或剥削人,也就不可避免地对这种状况提出了解释。我们只能在某种假设的背景下来作判断。压迫并不像我们眼前出现的紫斑那样一目了然。

这意味着压迫只不过是一个看法问题吗?绝对不是。论证某种状态是否反犹,就是论证如何解释正在发生的事件,而不是争辩我们对该事件的主观反应。它并不是我们双方看到相同的一组道德中立的身体行动,然后你可以给这件事加上主观的价值评判"好",而我可以加上主观的价值评

第六章 道德

判"坏"。道德语言不仅仅是一整套用来记录我们对众多行动同意或者反对的观念；道德语言还进入行动本身的描述之中。如果我用纯粹的生理学措辞来描述一场反犹袭击，我就没能理解真正发生的事件。不弄清该事件所涉及的信仰和动机，我们无法描述现实。同样，当一个小孩从另一个小孩抢走玩具时，不借助于像嫉妒、竞争、怨恨的概念，我们也无法向一个不知孩子究竟发生了什么的观察者描述事件的经过。这就是道德语言并非只是主观的一种含义。

激进派有两种方式来回答为什么剥削是错误的这个问题。没有一个答案看起来有说服力。你可以胸怀世界，谈论人类作为物种所具有的尊严；或者，你也可以立足当地，认为自由和正义的观点源于传统，尽管传统纯属文化和历史，仍然对我们有着不可抗拒的力量。从第一种思路来看，问题似乎排挤了历史，而从第二种思路来看，问题似乎过于狭隘地寄希望于历史。第一种思路看起来太泛，没有大用处；而第二种思路又碰到了道德相对主义的老问题。如果你的部落或传统，像亚里士多德的那样，认为奴隶制没有过错，那会怎么样？这样奴隶制就可以接受了吗？你能接受报复是不道德的，但你也允许你的殖民地臣民不认同此观点吗？他们达不到这样高尚的理想吗？对食人族，关键在于理解他们，而不是改造他们吗？如果是这样，这种理解为什么不能适用于毒品贩运者呢？

总的说来，在文化理论难得有机会来提问这些问题时，它也是一直回避推托。但是这种态度多多少少能被人接受的时期可能很快结束。当前，种种实用的道德的理由盛行于西方。例如，我们赞成言论自由，或者能够接受一定程度的失业不可避免，因为这是我们文化传统的一部分。它完全是偶然的传统，没有任何形而上学的支持；但是出于同样的逻辑，你的非传统的行事方法也可以是偶然的。如果我们不能给我们的价值观念以无上的力量，你就拿不出无法反驳的论点来反驳它们。从某种意义上来说，我们做了我们所做之事，是因为我们就这样做了所做之事。足够长的时间流逝以后，历史成了证实自己的理由，就如埃德蒙·柏克坚持捍卫大英帝国和上议院一样。习俗和实践是最好的论据。

这种论证方式，不仅和柏克这样的浪漫保守分子，而且还和理查德·罗蒂这样的后现代主义哲学家联系在一起，在后形而上学时代，为西方文明服务得还算不错。尽管如此，它的丧钟可能马上就要敲响。首先，西方文明已进入一个新的极端主义的、在全球范围内展开侵略的阶段，用这种悠然自得、不经思考的措辞来证明你的生活形式就更加困难了。

第六章 道德

美国政府眼下就落在极端分子、半狂热的原教旨主义者手中,这绝不是因为美国政府已被基地组织所掌控。其次,知识分子要想证明一种在为自己辩解时变得不断懈怠、冷漠的生活方式时也更感艰难。不久前,西方文明求助于各种听起来很庄严的学说,以使得它一些很可疑的活动合法化:上帝的意志、西方的命运、白人的责任。这些理想的尴尬之处就在于:它们和人们真正在做的事情发生了奇怪的冲突。事实和价值之间裂出了一道难以掩饰的诚信鸿沟。在实践中,资本主义因受到种种限制而变得焦躁不安;然而,在传统上,它在道德准则的约束下,隐藏起那要想无法无天的冲动。

随着西方资本主义进入了后形而上学阶段,这些道德准则失去了它们的诚信。资本主义自己创造的那种非常世俗、实用的环境,给这些道德准则增添了上帝为什么允许种族屠杀这种布道那空洞、说教的特点。动听的伪善开始让位于傲慢而明显的私利。随着声誉可靠的中产阶级逐渐成为历史,随着道德和礼貌开始反映一个随波逐流,愤世嫉俗,追逐私利的二维世界,严格的道德准则开始松弛。规定你应该做什么的道德价值观给人以深刻印象的理想主义色彩,但显然与你的行为脱节;反映你实际做了什么的道德价值观则合理得多，只不过其代价却是不再能提供你行动的合法性。

不管怎么说，随着后冷战阶段的西方体系发现自己受到政治对手的限制越来越少，它在多方面扩展、加剧了自己的活动，使得这些活动很难在以人道主义或国际利它主义的掩护下得以掩饰。西方体系的批评家也更为罕见，它也不需要向他们证明自己的行为正当。然而，在同时，西方形而上学的一位敌手，以伊斯兰原教旨主义为形式，勃然兴起。这意味着西方最终将不得不付诸行动，而不是声称厌恶独裁专制或为大公司做假账，只不过是它碰巧所为。资本主义越是欺凌弱小，越是腐败，就越难为其生活方式提出令人信服的辩护，但是，面对因自身扩张野心而正在兴起的政治对抗，资本主义更迫切需要这种辩护。然而，诉诸基本价值，可能会让它与西方力图反对的那种原教旨主义难以区分。因此，西方的敌人取胜的一个方法就是无情地把西方世界变成自己的镜像——具有讽刺意义的是，而这正是西方奋力抗击他们的行为。

文化理论最终抽身出来处理理论问题时，竟然是以康德的方式，令人吃惊。令人吃惊，正是因为康德的道德思想是绝对主义的，在某种程度上与大多数当代理论的主旨相矛盾。康德伦理学的苦行僧般的氛围与后现代主义思想的享乐

第六章 道德

嬉闹几乎格格不入。(然而,后现代主义理论的某些部分甚至将嬉戏都变成了严肃、理性、有点让人望而生畏的事情。)终于在保罗·德曼、埃曼努尔·列维纳斯、雅克·德里达、利奥塔德、米勒这样的批评家、哲学家的著作中开始出现的那种道德理论,是神秘而不可知的道德法则的理论,对我们来说,体现在某种异类,这种道德法则设立了一个绝对、无条件的要求,并且唤起我们同样无限的责任感。[1]

根据这个观点,道德评判是存在的,但这些评判缺乏任何标准或理性的基础。不同于亚里士多德或马克思的观点,世界的实然和我们在世界中如何行事的应然之间,或者说我们的实然和我们的应然之间,不再存在确定的关系。因为我们生存的方式和世界生存的方式对这些思想家来说,并没有特别之处,它们不能作为道德评判的基础。那些评判因而也就悬而未决,那些评判是以某个极端费解的法律或异类以显然无理的方式要求我们的。对雅克·德里达而言,伦理学事关绝对决定——重要而必须、但也完全"无法接受"的决定,是超出所有既定准则、知识形式、概念模式之外的决

---

[1] 这种伦理学的叙述,参见特里·伊格尔顿的"解构与人权",载芭芭拉·约翰逊(编),《自由与诠释》,纽约,1993年。

定。[1]人们只能希望：法庭上讨论他的案子时，思想家不在陪审团里。

首先，我们注意到，从道德这个字的任何意义上来说，道德是多么庄重的概念。这个概念以新的语言，修订了目前饱受批判的陈腐观点，即认为道德主要与强制或义务有关。但它也在令人崇敬、启迪教化，情操高尚的意义上是庄重的。换言之，它忘记了伦理事务的琐碎。就像某种宗教思想，认为伦理更多的是关乎永恒的，而不是关乎日常生活的。伦理是个特权领域，他者在这个领域里将它光灿灿的面孔朝向我们，对我们提出某个不可思议但又无法回避的要求。它是沉浸在宗教狂热氛围中的一种伦理——沉浸在已经将宗教语言中明确意义完全淘空的一种修辞。它劫掠了宗教思想的光辉，同时抛弃了它名誉不佳的内容，和马修·阿诺德和F. R. 李维斯生前的作为如出一辙。

对照之下，新约的伦理观明显是非宗教的。《马太福音》讲到基督的第二次降临，一开始就是一些大家熟悉的、二手的、《旧约》中传下来的天使、神座和荣耀之云的意象。然而

---

[1] 参见雅克·德里达，《死亡的赠礼》，载 Jean-Michel Rabaté and Michael Wetzel (eds.), *L'Ethique du don, Jacques Derrida et la pensée du don*, 巴黎，1992 年。

第六章 道德

其效果，只是精心策划、矫揉造作的突降法。灵魂获救，说到底就是给饥者以食，给裸者以衣，给病者以诊治这等物质之事。在典型的犹太教风格中，灵魂获救事关伦理而无关崇拜。获救取决于你是否竭尽全力反抗富人的暴力来保护穷人，而不是在宗教祭典中一丝不苟。它总的来说和生命的过程有关。甚至上天也有点儿让人失望。《新约》对性的态度也相当宽松，此外，还对家庭持明显的悲观态度。

说道德基本上就是一种生物学的事务，就是说，如同与我们有关的其他每件事情一样，道德最终扎根于我们的身体。① 正如阿拉斯代尔·麦金太尔所说："人类的认同，虽然不仅是身体的，但基本是身体的，因此也就是动物性的认同"②。正是终有一死的人体，那脆弱易毁、受苦受难、心醉神迷、贫穷困苦、相互依存、满怀欲望、悲天悯人的人体。提供了所有道德思考基础，道德思考把我们的身体又重新摆进了我们的话语。尼采认为：正义、明智、勇敢、节制之根源，确实地说，也是道德所有的现象，本质上都是动物性的。在这

---

① 阿兰·巴迪乌否认生物学是伦理学的正规的领域。这是他的著作《伦理学：论理解罪恶》中众多有疑问的专题论述之一。否则的话，他的著作还是具有启发性的。《伦理学：论理解罪恶》，伦敦和纽约，2001年。

② 阿拉斯代尔·麦金太尔，《有依赖性的理性动物》，伦敦1998年，第8页。

个意义上，伦理学相似于美学，诞生于18世纪中叶、作为探究身体经验，而不是作为谈论艺术语言的美学。18世纪崇尚感情和感性，以一种独特的浮夸方式把讨论道德基本上理解为讨论身体。崇尚感性，逐渐形成了一种可以同时讨论道德和物质、同情与神经系统的语言。谈论缓和、宽厚、痴迷、心悸、激动、刺激暧昧地徘徊在物质和精神之间。对比之下，19世纪对这一切则要高傲得多。

正是因为身体，而不是首先因为启蒙运动的空想，我们才表明道德是普遍的存在。有形躯体是我们和我们这个物种的其他人，在时间和空间的延伸上共享的最有意义的东西。当然，我们的需要、欲望和苦难在文化上确实始终很明确具体。但我们的有形躯体生理构造如此，必然在原则上能够怜悯我们的同类。道德价值也正是建立在这种同情之上；而这种能力又是以我们在物质上的互相依存为基础的。天使们，如果真的存在的话，不可能是具有我们这样观念的道德生物。

文化能够说服我们，某些人不配得到我们同情。认为我们的一些同胞不人道，需要相当程度的文化教养。它意味着必须真正无视我们感官的感受。无论如何，这也应该使那些认为"文化"天生是个积极措辞的人三思。还有另一种认识

第六章 道德

文化，即技术，阻碍人与人之间的交往。技术是我们躯体的延伸，能削弱我们互相感知的能力。远距离毁灭他人很简单，但不得不听他们死亡时的尖叫就不那么容易了。军事技术造成了死亡，却抹杀了死亡的感觉。发射导弹消灭成千上万的人，比弄死一名哨兵要更容易。受害者一直渴望的无痛死亡现在也为罪犯们所珍视。技术使得我们的身体更为灵活和更具有包容性，但在某些方面，却使我们的反应更为迟钝。技术重新组织了我们的感觉器官，使得它们更迅捷、用途更多，而不是加强它们的深度、韧性和强度。马克思认为，资本主义通过把我们的感觉器官变成了商品，已经掠夺走了我们的身体。根据他的观点，我们需要相当程度的政治改革才能恢复理性。

人本主义者（humanists）曾经很反感在人和其它动物之间做平行比较，他们坚持认为两者之间有不可逾越的鸿沟。现在，文化主义者也不欢迎这个观点。文化主义者有别于人本主义者，就在于他们抛弃了人性或人的本质的观点，但他们与后者一致认为：一方面，在语言和文化之间；另一方面，在语言与无法用语言表达的、残忍的自然之间存在着鲜明的区别。如果不然，他们就任凭文化在自然的这一端到那一端开拓殖民地，结果，物质性就消融于意义之中。站在人本主义者和文化主义者对角的,是所谓自然主义者,他们强调人的自然的方方面面,而且看到了人与其它动物间的连续性。

事实上,自然与人类、物质与意义之间的联系,就是道德。可以说,具有道德的躯体,是我们的物质性与意义和价值交汇之处。文化主义者和自然主义者从相对的两端都未能察觉到这一汇合,不是低估就是高估了人和其他生灵之间的连续性。在某种意义上,文化主义者说得对:获得语言,必然会引起使人的整个世界为之改观的重大飞跃,包括人的感官世界。这种重大突破并不仅仅意味着动物有了语言的意外收获。然而,阿拉斯代尔·麦金太尔肯定地,也是正确地坚持认为,"我们仍然保有动物的自我和动物认同。"[1]在非语言和语言之间,存在着人们所称的转换性延续。恰如查理一世和威廉三世之间,或波德莱尔和T. S.艾略特之间曾经有过的转换延续。

这样,因为我们生来就有的躯体,我们就是能适应各种情况的动物。白鼬生活的区域要狭小得多。因为它们的身体不能适应复杂的生产和交流,它们比我们更受到感官存在的

---

[1] 阿拉斯代尔·麦金太尔,《有依赖性的理性动物》,伦敦,1998年,第5页。

第六章 道德

限制。它们就像村里的白痴和社区警官一样，基本上是地域性的生灵。这绝不是以保护人的姿态对待它们的理由。白鼬以自己地方性的方式，似乎生活得很好，在各方面无疑是了不起的生物。因为多多少少受制于自己感官所及的蜗居生活，白鼬无法从事像制造巡航导弹并互相投掷这样抽象、艰巨、复杂之事，除非它们是在偷偷摸摸地干这种事。确实，"更高级"、更聪明的动物，较不在意它们的感觉器官，并能触及它们身体之外的事物，但和我们这样能使用符号的野蛮之人相比，它们行为的程度仍属小巫。白鼬的生存比我们的要乏味得多，但同样，危险也要小得多。因为我们的身体构造天生如此，理论上，我们所能进入的多种交流形式，与我们同类物种的任何其他成员之间所做的身体接触相比，要深刻丰富得多。

当然，原则上是个十分重要的先决条件。大致说来，使我们很难、有时甚至不可能让我们自信的正是文化和政治。文化是我们分歧的主要原因，正如罗伯特·穆齐尔在他的小说《没有个性的人》中嘲讽地指出的："大家公认：他们互相打击头部，互相啐脸，但这样做仅仅是出于更高文化的考虑。"今天，对于那些文化是个口号，毫不犹豫赞美文化差异的人来说，应该能回想起，要是文化差异从未出现，要是这个世界的人都是同性恋的中国人，人类历史会多么安稳。

像马克思那样，声称人类个体共同享有一种"类存在物"（species being），就是声称，比如，人类个体能互相冲突，搞阴谋，为了文化或政治的原因互相杀戮，并且各执一词，不共戴天。于是，这就显示了与他人共有相同的本性是多么惬意。我们不和白蚁争吵。我们的需求有时也会和它们的需求发生冲突，正如当我们用推土机铲出一条公路，毁坏了它们的自然生息地；但是因为我们无法和它们讨论此事，不能说我们和他们有分歧。白蚁不能确定它们和我们的差异。它们没有差异的概念。只有你能与之交流的人，才能肯定它们和你的差异。只有在某种共同的框架之内，冲突才可能发生。社会主义者和资本主义者、女性主义者和父权主义者如果只是谈论不同的事情，是不会剑拔弩张的。差异是以相似性为前提的。

然而，造成了残忍争执的共有人性也导致了团结，你不可能赞美与白蚁的团结。它的身体区别实在是太大了，因此它干的事情也不大相同。你可以同情白蚁，尤其是如果有同胞要专注于消灭它们；但你无法建立起很有成就感、与它们互相满意的关系，至少如果你不想频繁造访精神医生的话。

人类的身体使得人只能通过文化生存和繁衍。文化是

第六章 道德

我们的本能。没有文化，我们会很快死亡。因为我们的身体做出了重大调整，以适应文化——因为意义、象征、诠释等对于我们之为人类是必不可少的——我们能和来自其他文化的人们交流，而不能和白鼬交流。因为我们无法和白鼬交谈，它们的生活就和我们的永远隔离。我们可以观察它们的行为，但不知道它们自己如何理解我们的观察行为。至少有一位哲学家认为：即使这样的动物能开口，我们也无法理解它们的话，就是因为它们的身体以及它们的实际经验和我们的有霄壤之别。白鼬没有像我们这样的"灵魂"，我们怎么知道这一点？我们是通过观察它们的行为知道的。例如身体，不是构造得能从事复杂的物质生产，就不能说有着人类的"灵魂"，白鼬恰好没有从事物质生产的手爪。

这可能还不是现代人类面临的最大悲剧。与白鼬永久的沉寂相比，人类还有更为紧迫的事情要去忧虑。然而，重要的是，那些与我们在文化上有着霄壤之别的人，原则上，要比跟随我们已久的、可爱的西班牙猎犬更容易接近。部分是因为我们和他们共享的只是这样一个事实：他们是和我们一样的文化生物。成为文化生物是以许多共享经验为前提的。但这也是因为，我们和不同文化背景的人建立起的那种交流，不管横亘在我们之间是什么样的阻碍，其丰富程度，与我们和非语言生物的交往相比，不可同日而语。我们不再谈论西班牙猎犬，而开始谈论撒丁人之时，"理解"这两个字就改变了意义。

那么，再来比较这个以我们的身体为基础的唯物主义者的普遍性观念，与后现代主义者所鼓吹的大家都熟悉的普遍性这一怪物。根据后现代主义者的观点，普遍性是西方貌似有理地将我们局部的价值观和信仰投射到全球的阴谋。这种投射活动事实上现在还在继续。实际上，就在撰写本书之时，这个假冒的普遍主义就叫做乔治·布什。西方要求只希望能生存下去的弱小贫穷文化抹去他们的差异性。要想兴旺发展，一般来说，就得停止成为自我。但重要的是，后现代主义者思考普遍性时，他们首先是从价值和观念的角度来考虑普遍性，这碰巧也是乔治·布什看待普遍性的方式。这是唯心论者，而不是唯物论者的普遍性概念。

从某种意义上来说，今天的普遍性是一种物质事实。社会主义的目的一直就是要将这一事实转变为价值。我们已经变为一种普遍的沟通性物种的事实，——这一事实，总的来说，我们应该感谢资本主义——应该奠定了每个人的需求都能得到满足这样一个世界秩序的基础。地球村一定要成为互助的共同体。但这不只是道德妙方。"应该"隐含着"能够"：

第六章　道德

已经创造了全球共存的资源也有可能在原则上创造一种新的政治生存实体。马克思主义者一直坚持认为,这样的一种生活,不再像公元1500年那样,是一枕黄粱。正是因为资本主义研发出来的某些技术,我们现在有了可以实现这种梦想的物质基础。事实上,如果不实现这一梦想,我们最后可能根本没有物质基础。一旦人人能参与政治行动,拥有充分的精神和物质财产,我们可以预料冲突、争辩、差异和异见会滋生。首先,就会有众多的人发表自己的观点,赢得大众倾听。这种局面和画饼充饥的乌托邦恰好形成了对立。

种种谬误的普遍性坚持认为:人与人之间没有区别。但这出自谁的立场？这种观点根除了分歧,不料只是以冲突替代了分歧。根除分歧是件暴力的事。身份受到暴力危及的那些人,往往用几乎同样血淋淋的方式来还治其人。然而,名副其实的种种普遍性,会理解分歧属于我们共同的本性,而不是无关我们的本性。躯体是我们互相归属的根本所在。但躯体也是我们打上独特个人印记之所在。因此,遇见另一个人,也就是遭遇无法截然分开的相同和差异。另一个人的躯体既是陌生的又是熟悉的。正是我们和另一个人的躯体有关这一确凿事实,强调了他人躯体的他性(otherness)。从同样的观点来看,世上其他事物对我们就没有任何陌生感。

162　　个体化是我们物种独有的活动之一。个体化是实践，而不是特定的条件，它是我们在共享的生活环境中为自己成功塑造唯一身份时所做的事情。做一个人类个体不像做一个桃子的个体。这是我们必须完成的项目。这是我们在共同生存的基础上，为自己打造出来的自主性，因而，也随着我们依赖性的改变而改变，而不是替代依赖性。我们这个物种的生活能使我们与被称为有着个人身份的物种建立一种独一无二的关系。物质始终是特殊的：它始终是原料的特定一部分，而不是任何原有的原料。特定（specific）这个字本身既表示"独特的"（specific）也意味着属于"物种的"（of the species）。

对现今的文化理论而言，所有把人类当作自然物种而进行的严格的动物学讨论深为可疑。因为人本主义——人类在自然中具有独特地位的信仰——已时髦不再，捍卫人类至高无上性的任务转而落到了文化主义上。文化主义呈现出还原论的形态，它看任何事情都着眼于文化，正如经济论看任何事情都从经济出发那样。因而，它对下列实情感到很不舒服：我们首先是生存于自然的物体或动物，文化主义却坚持认为：我们的物质本质是从文化上构建的。

将整个世界转化成文化，是否认世界独立存在于我们

第六章 道德

之外、因而也就否认我们死亡可能性的方法之一。如果这个世界的实在依赖于我们对它的言说，那么，这似乎给了人类动物一种令人羡慕的中心地位，无论是如何被"去中心化"。它使得我们的生存看起来少了些偶然性，从本体论来看更加坚实，因此，受死亡的影响也更小。既然我们处于实在和混乱不堪之间，我们就成了意义的宝贵的监护人。正是我们为四周没有发言权的事物大声疾呼。文化主义指出，像死亡这样的自然事件可以透过各种文化方式得以表达，当然正确。但即使这样，我们还会死去。死亡代表着自然对文化的最终胜利。死亡由文化表达的这个事实，并不阻止死亡成为我们生物本质里非偶然的部分。必然发生的是我们的消亡，而不是我们所赋予的意义。我们来到这个世界以前，我们周围缄默不语的万物生活得极其舒坦。其实，那时候它们并非不能说话，因为只是我们将它们定义为不会说话。然而，为全能意志勾勒出无法容忍的局限的死亡，是件不合时宜之事，不适宜在这个诞生了大量的文化思想的社会（美国）中详谈。这也许是这样的思想为什么在那里盛行的一个原因。

文化主义者担心，除非我们不断提醒自己是文化动物，否则我们将陷入"顺应"我们的生存，把自己当作不可改变的生物那诱人而危险的习惯之中。因此，他们反对本质主义

(essentialism),本应该受到像约翰·洛克、杰里米·边沁这样的资产阶级思想前辈的大力称颂。事实上,一个人可以对文化像对自然一样持本质主义的观念。无论如何,这种看法有时似乎在假设,所有的永恒都使人讨厌,所有的变化都使人喜欢。但上述看法是荒谬的。人类存在有许多合理的永恒特点,我们有理由对此感到庆幸,但也有许多种具有破坏性的变化。

不管倡导永恒可塑性的后现代主义者是怎么想的,变化本身既非可取,也非不可取。人们会为 W. B. 叶芝挽诗中言简意深的悲叹所感动,"人始终爱恋,爱恋转瞬即逝的东西,除此还有什么可以言说?"然而,还有许多东西,从瘟疫到父权制,它们消亡得并不够快。我们的生存状况中的许多方面,事实上我们是无法改变的,我们也不必为此感到特别沮丧。人类在任何地方始终都是社会动物这一事实是无可更改的,但这根本不是悲剧事实。很多事情的永恒性应该庆贺。对我们中的一些人,如果不是对别人来说,50 岁以上的学者没被社会自动处死,这悠久的传统就值得欢欣鼓舞。不管怎样,如果某些意识形态使得历史进程看上去很自然,绝非所有的意识形态都是如此。有的意识形态恰恰相反,它们成功使得自然看起来成了我们手中的黏土。

第六章 道德

当代西方的公民竟然能够想象，忽略事物可变性是我们最大的危险之一。这真是咄咄怪事。相反，我们身边有着太多，而不是太少的变迁。所有的生活方式几乎一夜之间就被消除。男男女女必须疯狂地、争先恐后地学到新技能，否则就会被扔进垃圾堆。技术刚刚运用就已过时，臃肿的大公司似乎就要突然崩溃。所有可信赖的东西——银行、养老金计划、反军备条约、肥胖的报业大亨，消失得无影无踪。人类的认同被剥夺、重组、试穿、沿着社会生活的T型台顽皮而浮夸地显示出来。在这无休无止的烦乱之中，成为社会主义者的一个明智稳健的理由，就是可以获得短暂喘息的时机。

躯体，这个不合时宜的死亡提醒者，被拔除、洞穿、蚀刻、痛击、充气、收缩、重塑。肉体被改成了符号，暂时延缓了肉体将会慢慢倒下、成为毫无意义的色情皮囊的时刻。尸体很不雅观，它们以令人尴尬的坦率宣布了所有物质的秘密：物质和意义没有明显的关系。死亡的那一瞬间就是意义从我们身上血崩之时。看似对尸体的称颂，于是，也就可能隐藏了狠毒的反唯物主义——想把这种生猛、易腐烂的材料收集起来，改变成不易腐烂的艺术或话语的形式。身体的复活在文身馆和整容师的咨询室出现。将这桀骜不驯的东西变成我们手里的泥土，就是幻想控制无法征服的事物。这种幻想就是否认死亡，就是拒绝接受我们自身的局限。

资本主义，尽管有着俗不可耐的物质至上主义，对物质却抱有不为人知的反感。没有任何单独的物品能满足它贪婪的胃口，因为它从一个物品到另一个物品一路不停地追逐，在其最终欲望注定失败的追求中，将每一物品化为乌有。尽管资本主义社会以托斯卡纳别墅和双份白兰地的形式爱恋物品，资本主义社会对物质那东西怀有秘密的憎恨。它是充满着幻想的一种文化，其核心是理想主义，其动力是梦想将自然打得粉碎的脱离现实的意志。它崇拜物质，但不能容忍物质对其宏大规划所做的抵抗。

在二头肌上刺青确实不是犯罪。长期以来，西方认为，根据自己的欲望来塑造自然是可行的。上述这种信念曾经被认为是先驱精神，而现在则被认为是后现代主义。驯服密西西比河和扎肚脐环以佩戴饰物只不过是同一意识形态的先后表述而已。根据我们自己的形象和肖像，塑造地形地貌以后，我们已开始雕琢自己。土木工程学已和整形外科联手。但在肚脐上扎环多多少少有着值得称赞的理由。值得称赞的理由是，它有趣；让人难堪的理由是，它牵涉到这样的信仰：躯体就像你的银行账户一样是你的东西，随你喜欢怎样用。可能有众多很好的理由来炫耀你胸上停一头鹰或一条钢栓

第六章 道德

横穿过你的鼻子，但有趣不是理由之一。

身体"个人化"可能是否认身体本质上非个人性（impersonality）的方法之一。身体的非个人性可见于这样一个事实：身体在归属我之前，就归属于我们这个物种；而且人类物种身体有许多方面——死亡、易受伤害、疾病等等，我们宁愿信其无。即使如此，说我的身体属于我，并没有非常合乎逻辑的意义。身体不像红色的圆帽或手机是财产。谁会是身体的拥有者？称从来没有得到过，也从未能失去的东西为"财产"，听起来古里古怪。我并不是我的感觉的所有者。感到一阵剧痛不同于拥有一顶杂色花呢帽。我能送你这顶帽子，但不能送你剧痛。我可以称我的身体为"我的"，但这只是标记了我的身体和你身体的不同，并不能表示我拥有它。说到血肉之身，那里不存在私营企业家精神。

身体是我们所有的人类存在既有事实的最明显标记。它不是我们可以选择的东西。我的身体不像假发，是我决定散步时戴着的东西。它绝不是我能"穿戴"的东西。拥有身体并不像置身于坦克之中。这个置身于坦克之中非具形的"我"是谁呢？拥有身体更像掌握一门语言。掌握一门语言，就像我们所见，不像陷身于坦克或被囚禁于牢房，它是置身于世界的一种方式。熟练掌握一门语言就是对自己开放了一个世界，而同时又置身于这个世界之外。这个观点同样也适用于人体。有了身体就有了准备影响世界而非与世界隔绝的方式。抱怨只要能摆脱肉身，就能更好地了解事物，令人感到古怪。这就好像抱怨：要是这个粗糙、不达意而被称为言语的东西不碍事，我能和你更好地交谈。

我的躯体并不是我财产的一部分，这一事实并没给你闯入我体内的全权。你也不能占有我的身体。但这并不是因为我先占有了身体，就像首先占有了一块可以获利丰厚的土地，公开宣布它属于我那样。身体重要性的一部分是它的匿名性。我们和身体亲密无间，但总体上我们无法理解它们。我的身体总有一种"外界"，对此我也只能斜着眼睛瞄一眼。身体是我现身在别人面前的多种方式之一。这些方式的有些部分我肯定不能理解。它溜过了我的掌控，就像是面对着我狂妄的计划，坚决维护它自己难以去除的物质逻辑。在所有这些方式里，身体的必然死亡性得以揭示——因为相比于死亡，没有任何东西既与我们亲密无间，又与我们格格不入。我的死是我的死亡，已经隐匿在我的骨子里，悄然无声地侵蚀我的身体；然而死亡似乎是从其他空间突然跃进了我的生活，将它毁灭。死亡永远是猝然降临的。

身体的非个人性与爱的匿名性（anonymity）有关。爱

第六章 道德

在这里有着其传统的意义：情谊（agape）或博爱，并非只具有那贫乏的、局限于种种色情或浪漫的意义。我们需要在炽热的"爱"和较沉静的"友谊"之间有个居中的词，而我们没有这个词这一事实也许意义重大。爱对每个人都一视同仁。爱是严格抽象的，随时准备照料任何老人的需求。在这点上，它对文化差异相当冷漠。它漠视差异的意义并不体现在它对人们的特定需求视而不见。如果它漠视文化差异，就压根儿不会考虑人们的特定需求。但它漠视的是它应该照料谁的需求。这是有别于友谊的一种情况，完全和特殊性有关。朋友是不可替代的，但我们必须爱的那些人则不是。在单方面和无条件的意义上，爱是不在乎的。它并不是假设自己会得到什么才付出。爱不以牙还牙，在此意义上，它也是不动声色的。这是为什么爱有时候与犬儒态度（cynicism）难以区分的原因之一，后者远离它所谓的人类价值那整出闹剧，因而也就看不出报复的意义。

所有这一切表明，为什么爱的典范不是爱朋友——还有什么会比爱朋友更少苛求？——而是爱陌生人。如果爱不仅仅只存在想象之中，不是自我的相互映照，考虑到他者之令人担忧和难以驾驭，爱就必须照顾到完全陌生的他者的自我。这是一个爱他者身上"非人"事物的问题，这种"非人"

事物同样深植于我们内心。如果自爱不仅仅是自负的话,哪怕我们肮脏邋遢、桀骜不驯,我们也必须爱我们自己,这也就是为什么爱人如爱己绝不像听起来那么容易的原因。确实,这两种行为也许都超出了我们的能力。然而,它们却可用来修补欲望——同样是非个人的,但像妖怪一样驻扎在自我心中的欲望——所造成的破坏。欲望绝对是非个人的,只有一种相应的非个人的力量方能修复欲望所造成的可怕损害。

人所共知,亚里士多德提出的那具有德性之人,是以自我为中心的。他享受友谊,把它作为美好生活的一部分,但他发现最可宝贵的是经过省察的人生。亚里士多德不能完全理解的是:德性是互惠的。确实,他看到了德性只能在政治社会中兴旺;但他没能真正地认识到德性只存在人与人交往之间——德性是随着各种关系的作用。他所谓的"伟大心灵的人"是惊人地自足的。友谊对于有德性的人很重要,但它更是互相钦慕而不是真爱。正如阿拉斯代尔·麦金太尔指出的那样:"相对于人的善、快乐或有用,在亚里士多德那里,人的爱是不存在的。"[1]

---

[1] 阿拉斯代尔·麦金太尔,《伦理学简史》,伦敦,1968年,第80页。

第六章 道德

自足的对立面就是依赖。和其它一些关键的术语一样，我们马上会看到，这个词游移在物质和道德之间。考虑到我们出生时的无助，我们只能依赖他人才能存活，这是个重要的事实。然而这一物质依赖不能真正地脱离像关心、无私、警觉、保护这样的道德能力，因为我们所依靠的，正是那些看护我们的人身上的这些道德能力。根据弗洛伊德的学说，这种物质依赖，也不可能脱离受看护者身上那表现为感恩的道德感情。除非我们所依靠的看护者与我们共享他们的感情生活和社交生活，我们将真的不会成长为人，而只是成为具有人形体的动物。在这个意义上，道德和物质成为同一硬币的两面。

麦金太尔说，亚里士多德式的人，是爱的陌路人。尽管爱这个字，近期用在人际关系方面时已变得有点儿荒谬，然而爱依然是正义社会的不二典范。爱意味着为另一个人创造他能自由发展的那种空间，而同时，他也能为你创造这种空间。爱就是在成为他人幸福的原因时，找到自己的幸福。爱不是你们双方都找到了同一个目标，紧搂着骑上一辆摩托车奔驰向前，而是像我们已经证明的那样，你们每个人在对方的满足中找到自己的满足。就像我们注意到的那样，在这个观点中已经隐约有一种政治。开明的社会希望个体在他们自己的空间中得到自由发展，而不是互相干涉。因此，正在讨论中的政治空间也是中性的空间：它的目的就是使人们分开，使得一个人的自我实现不会阻碍他人的自我实现。①

这是个令人倾慕的理想，滋养这一理想的政治传统在很多方面是值得钦佩的。它所珍视的"消极"自由在任何正义社会中都占有极其重要的地位。但是爱所涉及的空间却在某种程度上更为积极。这种空间是由关系行为本身所创造的，而不是像接待室的备用座位一开始就有人提供的。被授予了这种自由就可能使人尽其所能地发挥，无须过度紧张。这种自由就是人类自由全面发展的先决条件。你可以随心所愿去实现自己的本性，但并不是在虚假的、自然主义的意义上表现为一种冲动，因为这种冲动碰巧发生在你身上。如果那样的话，就不排除折磨和谋杀。相反，你实现自己的本性，同样也允许他人实现其本性。那就意味着你在自己本性最辉煌之时实现了它，——因为，如果他人的自我实现是你自由全面发展的媒介，那么你就无权施行暴力，专断强横，追逐

---

① 哈贝马斯的著作可以作为当代这样的一个例子。在哈贝马斯的公共领域里，每个人都能如其所愿地自由表达；然而，社会互动本身能成为个体自我表达的重要媒介的方式却不见得被认可。这里，没有人——用不同的理论术语来表达这一点——以应有的敏感来倾听别人所要说的话作对照，似乎把自己再次认作不同于另类人的主体。

第六章 道德

私利。

正如我们所知,这种形势在政治上的对应,就叫做社会主义。当亚里士多德自由全面发展的伦理学是建立在更具互动性的背景之时,人们就提出了和马克思政治伦理观相似的观点。社会主义社会是通过他人的自我实现,来达到个人获得自由和自主的社会。社会主义只不过是要想让这样的社会得以诞生的任何一种制度而已。人们还能够看到,为什么对社会主义思想来说,平等是个重要概念。因为除了大家享有平等地位,你不可能真正拥有这个互利的自我实现过程。严格地说,对爱而言平等不是必不可少的。例如,你可以爱你的孩子,也可以爱你的仓鼠。有些人甚至爱他们的卧室拖鞋。但是平等对亚里士多德所谓"情谊"也就是友谊而言,是不可或缺的;而友谊,而不是爱,也许是更适当的政治措辞。人不平等,就不可能有完整的友谊。在上司面前,我们会感到拘谨,不敢完全自由地表达自己的看法,而上司则需要保持权威,也是进退两难。只有平等的关系才能创造个人的自主性。并不是说两个自主的人就能构造一种平等的关系。相反,正是平等,才使他们具有自主性。友谊使你得到了主宰自己的自由。

马克思在早期的巴黎手稿中寻求一种将人类身体的实

然转换为应然的方式。他要建立一种建筑在我们类存在物或共同的物质本质上的伦理学和政治学。但这是极具风险的计划。哲学家们一般都从事实中推导出价值的企图。对某种状态的直接描绘不会告诉你对此状况该有什么作为。人性可以有多种方式来加以描述。可以有各种对立的人性观来支持不同的伦理理论。"本性"是个不明确的词,它游离于事实(某事的实然)和价值(某事的应然)之间。它和"文化"这个某些人认为与之相对的概念共享这种模糊性。事实上,我们有一整套联系身体状态和道德状态的词汇。同类的/宽宏大量的、年轻的/温柔的、没有感觉的/无怜悯心的、有些疯癫的/受感动的、敏感的/危险的、皮厚的/厚颜无耻的、不敏感的/麻木不仁的等等。这种语言似乎暗示了我们的身体现状和我们应有或不应有的行为举止之间的联系。但这种联系被种种问题所纠缠。"同类"在其意为与他人一样的物种时,足以能成为杀人或被杀、统治或臣服的原因。如果我们不是"同类",我们倒可能有更好的待遇。没有人会对征服甲壳虫有什么特别兴趣。

或者以人类的社会性观念为例。它也同样悬浮于事实和价值之间。我们天生就是政治动物,只有在社会中才舒适自在,这是事实。除非互相合作,否则我们就不能生存。但

第六章 道德

社会性也能表示一种积极、正面的合作形式，某种令人喜爱、而不仅仅是生物学意义上不可避免的东西。马克思有时似乎想象社会性在这方面总是具有正面意义。但法西斯社会也是合作的社会。死亡集中营是复杂的合作项目。世界银行的成员之间团结得很紧。人类合作本身并没有显现德性。它取决于谁和谁合作，有怎样的目的。马克思看到了一些男女是如何劫持他人的社会智能来谋取自己的私利。在他看来，这确实是对阶级社会的描述。在阶级社会中，甚至那些属于我们这一物种的力量和智能——例如劳动，或者交流——已贬低为达到目的的手段。为了他人的利益，它们已经工具化了。人们也可以同样地谈论性生活。性生活是达到团结的渠道，但在男权社会里，它成为权势、主宰和自私满足的手段。

但是，如果你在任何事情上都特别不合作，结果会怎样呢？你当然需要和其他人一起工作，才能在经济上生存下来。如果人类要繁衍，性行为就必不可少。合作通常都具有某种实际目标。但如果合作同时也作为目的本身来享受呢？如果分享生活成了生活本身的目的，就像我们所知道的作为艺术的活动，那会怎么样呢？不需要找出人为什么要生活在一起，要互相陪伴——至少是有一段时间——的答案。这样做符合他们的本性。这是他们作为动物的事实。但当这样做

"确确实实"成为事实时——当它作为活动本身而存在，而不仅仅是达到自身之外的目的的手段时，它也就成了价值之源。社会主义社会，就像其他任何社会一样，为了某些物质目的而合作；但它也认为人的团结本身就是值得称道的目标。严格说来，社会主义社会就不是当代许多文化理论所能理解的，在当代文化理论看来，团结意味着勉勉强强的共识或不幸的因循守旧，而不是价值和满足的源泉。

第七章　革命、基础和基要主义者

我们已经看到,对某些文化思想家来说,伦理学应该从平庸的生物学领域提高到更难解和神秘的领域。从这个观点来看,不可能真正存在一个唯物论者的伦理学。然而德里达、利奥塔尔、巴迪乌及其同事们在某种程度上也没错。伦理之事不仅和意义重大、改变生活的冲突有关,也和日常生活有关。它既是荣耀的云彩,也给饥饿者以食物。只不过这些思想家总体上选择了崇高而没选择尘世。但崇高和尘世这两者是并行不悖的,因为要打造一个饥饿者有饭吃的世界,必须进行重大的转变。正如阿多诺所说:"温柔只存在于最粗俗的要求中:没有人应该再挨饿。"[1]

以革命性的文件《以赛亚书》为例。写这一篇的诗人开篇就代表犹太人的上帝耶和华,怒气冲冲批判宗教。耶和华

---

[1] 特奥多尔·阿多诺,《小伦理学》(*Minima Moralia*),伦敦,1974年,第156页。

告诉他的子民，他极其厌倦庄严的集会和燔祭（香品是我所憎恶的）并建议他们相反要"寻求公平，解救受欺压的，给孤儿伸冤，为寡妇辨屈"。这是标准的旧约内容。耶和华永远在提醒他那病态地喜好崇拜的子民，救赎是政治事务，而不是宗教事务。他本人就不是神，'还没有'成神，代表尚未来临的社会正义，他没有名字，因为担心自己会被盲目崇拜的狂热信徒变成另一个物神。他不应受实际的需求和现实利益约束。所以他告诉他的子民，什么时候他们看见陌生人受到欢迎，饥民吃饱了好东西，富人两手空空被打发走时，他的真身就将为他们所知。

这样的文字，后来就成了公元一世纪政治动荡的巴勒斯坦一些地下革命者必唱之曲。当玛利亚听说自己怀了耶稣之时，路加就让玛利亚说了这些话。人民，就他们而言，宁可在组织化的宗教中寻求慰藉，更甚于给饥民提供食粮，这就是他们遭到像以赛亚这种的先知谴责的原因。先知的作用不是预测未来，而是提醒人民：如果他们一如以往，他们的前途将极其暗淡。

对所谓的《旧约》来说，非神的耶和华和穷人的"非存在"（nonexistence）是紧密相连的。确实，《旧约》是打造这样一种关系的第一个历史文件。在一种革命性的逆转

第七章 革命、基础和基要主义者

中,真正的力量却从软弱无力中突发了出来。正如圣保罗在《哥林多书》中所写:"世上的神选择了世上最软弱的,叫那强壮的羞愧……甚至那无有的,为要废除那有的。"犹太教基督教思想的一切都是在这个挖苦嘲讽、似非而是的颠倒模式中成形的。世上受苦之人在《旧约》里被称为"穷人"(anawims)他们的悲惨困境体现了政治秩序的失败。未来唯一令人信服的景象就是现在的失败。穷人,耶和华的宠儿,与现行体制没有关系,在未来所处的贫困状态中也与当下体制没有关系。财产被剥夺得一无所有的人,就是真理活生生的标记:唯一持久的权力是扎根(anchored)于承认失败的权力。任何不承认这一事实的权力将在不同的意义上受到削弱,战战兢兢保护自己不成为自身傲慢的牺牲品。这里,通常偏执狂有许多可取之处。和承认弱点相比,运用权力只是孩子的游戏。权力可以摧毁所有的城市,但这也没什么了不起,摧毁所有城市只是相对简单之事。

《新约》的作者们认为耶稣是一个穷人(anawim)。耶稣危险是因为他和现存体制没有利益关系。那些为正义申辩的人将被国家处死。社会将狠狠地报复易受伤的人群。唯一的善神是已死去的神——一个隐藏在地球昏暗角落里的失败的政治犯。不忠于失败,就不会有成功。正是这种信仰,一直以来就用于证明帝国主义冒险、压迫妇女、对非基督教徒的酷刑、对犹太人的嘲讽、虐待儿童、谋杀主张堕胎者乃正当之举。作为有组织的暴力，它已成富人、掌权者和爱国者的标记。它是美国福音派人士令人作呕的虚伪之言，是在沾满耶稣的鲜血的穷兵黩武者兴高采烈的呼叫，是郊外诈骗犯和殴妻人的体面。它呆滞、乏味、笑容满面，鼓噪。它不想和失败有任何牵连，用阵阵嘘声把穷人从马路上赶跑。它是军工综合企业的商标，支撑起美国之鹰的十字，洒在人类压迫之上的圣水。

同时，今天很多无神论不过是颠倒的宗教。无神论者往往提出一种在心智正常的情况下无人会赞同的宗教变体，而后又理直气壮地抛弃了宗教。他们接受了其它任何学术研究领域无疑会使他们震惊的那种粗糙的无神论原型。他们很像持有下列观点的人：女性主义就是阴茎妒忌，或者社会主义就是对囚犯实行强制劳动。典型的无神论者像理查德·道金斯在这方面仅只是伊恩·佩斯利的翻版。双方都认为耶和华是（用威廉·布莱克的话）非人老爹（Nobodaddy），后者在《旧约》中就是撒旦似的上帝形象。这种形象就是想要崇拜或反叛专制主义超我或天国制造商（the Celestial Manufacturer）的那些人心中的上帝形象。

第七章 革命、基础和基要主义者

这个上帝,用料节省,完全从虚无之中打造出了整个世界,是个企业奇才。他就像个容易激动的摇滚歌星,为饮食之类的问题大惊小怪,又像个性情暴躁的独裁者,要求不断地安抚和哄骗。他集黑手党老大和首席女歌手于一体。对他的颂扬只能是:他,归根到底,就是上帝。只不过无神论者拒绝接受这个形象,而福音派教徒接受这一形象。否则的话,他们的观点相当一致。真正的挑战就在于构建一种真正值得抛弃的宗教观。这必须从反驳你对手最强的而不是最弱的论据开始。

这适用于犹太基督教,也适用于伊斯兰教。伊斯兰教起初是随着对极具扩张野心的商业化城市麦加(Mecca)的不公正、不平等进行的激进批判而诞生的。在麦加,照顾社会更弱势成员的古老、平等的部族价值观当时正在让位于利润动机。Quaran 这个词其意义为"当众吟诵",表明了穆罕默德早期的大多数追随者属于文盲。穆斯林经文的标题暗示了贫困和剥夺。伊斯兰(Islam),它的意义为"臣服"(surrender),其意为完全献身于安拉,其教义(gospel)就是仁慈、平等、怜悯、做穷人的卫士。穆斯林以身体俯伏的谦卑姿态接受再教育,以摆脱麦加社会日益增长的傲慢和妄自尊大。就像基督教徒在复活节前 40 天的大斋期斋戒一样,穆斯林必须在整个回历的9月斋戒，以提醒自己穷人遭受的剥夺。伊斯兰信仰的核心，是非暴力、共享和社会正义，它明显讨厌神学臆测。和基督教一样，神圣与世俗、崇高与平凡的区别就消除了。为了强调信徒的平等，不允许产生一个基督教意义上的神职阶层。正是这值得令人钦佩的原则，成了我们这个时代富油国的独裁者、用击石惩戒妇女者，有法西斯意识的毛拉、凶残的盲信者的信条。

《以赛亚书》对后革命时代来说是强有力的宣传品。它现在被丢落在旅馆房间里，因为无人会费神去阅读。如果那些把《以赛亚书》放在旅馆房间的人知道其中的内容，他们会很稳妥地像处理色情书刊一样付之一炬。就革命而言，人类可分成两类，第一类认为世界是安乐（well-being）不断扩大的海洋，包含着不幸的小小海湾；另一类认为世界是不幸不断扩大的海洋，包含着安乐的小小海湾。人也可以分为两类，一类同意叔本华的观点：历史上的许多人如果未曾出生，对他们也许是更好；另一类认为这种观点是左派出奇的夸张。说到底这也许是真正重要的政治分野。这比犹太人和穆斯林、基督徒和无神论者、男人和女人、自由派和社群主义者之间的分歧要更为根本。这是一种冲突，需要一方努力想象才能理解对方如何接受其信仰的。分歧就不会始终是这

第七章 革命、基础和基要主义者

样。你可以对花椰菜味道鲜美,或者杜金是欧洲最具活力的小镇持有异议,而同时又能相当容易地想象,意见一致是怎样一种状况。

激进分子并不是因为他们拒斥进步的现实才拒斥安乐海洋的理论的。只有保守分子和后现代主义者才抛弃进步的现实。在某些后现代群体中,"进步"这个词的反应是使人难堪的轻蔑,通常只显示给那些相信猫王埃尔维斯·普莱斯利(Elvis Presley)的脸不断神秘地出现在巧克力饼干上的人。然而,那些对进步怀有疑虑的人,一般不会对牙科麻醉学嗤之以鼻,当洁净的水从水龙头中汩汩流出时,也不会表达自己的恼怒。我们可称之为"大爆炸论"的保守分子往往相信黄金时代以后,任何事情都一直在走向衰亡,而对恒稳态学说的保守派来说,甚至黄金时代也并不像人们说的那样好。对他们而言,蛇始终——已经不祥地盘绕在伊甸园里。人是否可以一直堕落下去在逻辑上是可疑的,但有些保守派看来没因这一困难而气馁。他们有些人似乎认为所有历史时期都同样腐败,过去要优于当代。T. S. 艾略特的《荒原》可以同时用这两种看法来阐释。

后现代主义者被宏大叙事弄得心烦意乱,因而拒绝接受进步的观点。他们假设:对进步抱有信念就必须承认,历史作为一个整体,从一开始就不断地在改进。他们非常自然地认为这种观点是错觉。如果他们对宏大叙事不那么入迷,他们也许会采纳自己的标准,对进步有一个更务实的态度,得出正确但使人厌烦的结论:人类历史在某些方面有了改善,而在另一些方面却恶化了。马克思主义试图使得这支离破碎的陈词滥调听起来不那么陈腐,它更具想象力地指出,进步和恶化是同一叙事中密切相连的方面。导致解放的条件,同样也可能导致统治。

这就是众所周知的辩证思想。现代史一直在开明地讲述着物质福利、自由价值、民权、民主政治、社会正义的故事,但同时它也一直是一个让人毛骨悚然的梦魇。这两个寓言绝非毫不相关。穷人的处境让人无法接受,部分原因就是能减轻其痛苦的资源大量存在着。饥馑之所以骇人听闻,部分是因为饥馑并不是一定要发生的。社会变革,因为我们这个星球的悲惨状况而显得必要,但也因为物质进步,才有了可能。然而,后现代主义者,为自己的多元论而感到骄傲,喜欢更片面地考虑进步这一问题。

在某种意义上,革命的需求有着明显的现实性。审视了我们这个星球的状况后,任何一个开明的、具有中等智力的观察家会得出结论:这个星球,不经过翻天覆地的变革,不

第七章　革命、基础和基要主义者

能恢复正常。到了这个程度，正是那精明的实用主义者，而不是一头乱发的左翼分子，才是满怀浪漫情怀的空想家。他们是真正对现状感到感伤的人。然而，说起翻天覆地的变革，并没有指出变革可采取的形式。革命的特点在于它如何深入人心，而不在于它如何迅捷、血腥或突如其来。一些渐进改革比一些武装叛乱涉及更多暴力。产生了我们的革命延续了几个世纪才完成。这些革命并不是以乌托邦未来的名义，而是因为现实的种种缺点。

正如瓦尔特·本雅明所说："驱使人们起义造反的正是受奴役的先辈的记忆，而不是解放了的孙辈的美梦。"简而言之，这就是众所周知的质疑的激进说法：后代到底为我们做了什么？任何一个头脑清醒的人，绝不会容忍以某种迷人理论实验名义实行的激烈改革所造成的混乱。正如种族隔离的瓦解和共产主义的倾覆，这些变革只是当必定要发生时才出现，只是当取代现行政权的可行方法不可能比这个政权本身更使人痛苦之时，人们才可能做出不再继续受苦的极其理智的决定。

就像长满粉刺、躯体超重，极其害羞的人那样，激进派也不想保持激进，他们认为人类的现状使得自己持有的观点不尴不尬，有几分怪异反常，暗地里渴望回归正常。确切地说，他们期盼着可以不再肩负不合时宜的信仰的未来，因为这些信仰将在未来的实践中落实。于是他们就能自由地加入到其余的人类中去。与他人扞格不入令人不快，那些相信人类存在的社会性的人，被迫离群索居，这也自相矛盾。对于生命的拉拉队长来说，它似乎是不必要的苦修行为。这些拉拉队长们看不到，苦行主义，如果真是名副其实，也是以每个人享有更富足的生活之名而存在的。激进分子只是那些承认，用叶芝的话来说"未曾被撕裂的东西 / 是不可能完完整整。"现实如此，这不是他们的过错，他们宁愿现实不是如此。

让我们再来探究唯物论者的道德观，这次有莎士比亚的《李尔王》来解释。李尔王在剧开始之时就成为绝对统治权妄自尊大的典范，这种妄自尊大想象自己无所不能，部分原因在于它是无形的。在残酷放逐自己的骨肉、女儿考狄利娅时，他暴露出无形的幻想，那种幻想位于权力的物质核心。李尔这时相信，他就是万物，但由于代表万物的这种同一性没有任何事物可以进行比较，这种同一性也只是一种虚空。同样，一个主权遍及全球的国家，很快就不知道自己是谁了，如果说它曾经知道自己是谁的话。它消除了自知之明必不可少的相异性。

第七章 革命、基础和基要主义者

随着剧情的发展,李尔将听到,做一个不太确定的"部分",比做一个空洞的整体的"全"更为可取。这并不是因为别人这样告诉他,大部分人太胆怯或太狡诈不敢回答那苦恼他的难题,"谁能告诉我我是谁?"这是因为他被迫面对自然的残酷无情,自然无情地提醒他:所有绝对权力都可能忘记的东西,即:他是个血肉之躯。自然使他感到恐怖,使得他最终接受了自己的局限性。这种局限性包括他对别人那同胞般的怜悯之情。这样,他就从幻觉中,如果不是从毁灭中,被赎救了出来。

此剧一开始就有一段有名的"没有"的斗嘴。

李尔:你有些什么话,可以得到一份比你两个姐姐更富饶的土地?说吧。

考狄利娅:陛下,我没什么要说的。

李尔:没有?

考狄利娅:没有。

李尔:没有只能换取没有;重新说过。

第1幕,第1场

尽管李尔性情暴躁,用手指点着女儿责备,没有或几乎没有中终于产生了有。只有这位类偏执狂的国王相信死神已经降临到他身上时,他才走上了被救赎之路。正是那个时候,他那些撒谎的朝臣们才不被信任。

> 我说"是",他们就应一声"是";我说"不",他们就说"不"!又说"是",又说"不"!可不是好教徒的行为。当雨点淋湿了我,风吹得我牙齿嗒嗒打战,当雷声不肯听我的吩咐平静下来,我就看穿了她们,嗅出了她们的踪迹。算了,她们不是信守诺言的人。她们告诉我,我什么都做得到,那全是谎言,我没法不打寒战。
>
> 第4幕,第6场

暴风雨一下子就暴露了李尔的动物性,减少了他妄自尊大的幻想。他第一次发现了他的人性,随之而来的就是他的脆弱和限度。格洛斯特眼睛瞎了以后,也有这样一个过程"被迫一路问讯来到多佛"。他肯定学会了,如他所说的,"富有同情心地看"——让他的理智在敏感、受苦的肉体的限制内运行。一旦我们挣脱了躯体,我们也就丧失了思维能力。

李尔新发现的感官唯物论呈现出和穷人具有政治连带

第七章 革命、基础和基要主义者

关系的形式:

> 赤裸的不幸人们
>
> 不管你们在什么地方
>
> 忍受着这无情的暴雨的鞭打,
>
> 你们头上无片瓦,肚中无食粮,
>
> 你们衣衫褴褛,总能安然渡过这样的天气?
>
> 啊!我一向很少关注这种事情。安享荣华的人们啊,服一剂药吧;
>
> 让自己也感受一下这些不幸者的感觉
>
> 你们才会摇落些多余的东西给他们,
>
> 表示一下上天还是公正的。
>
> 第3幕,第4场

要是权力有形体,它就会被迫退位。正因为权力没有形体,它才不会感受到它自己所造成的悲惨。使权力感官迟钝的,是物质财产的过剩。尽管权力没有自己的形体,然而,权力还有一种替代的肉身,即,厚厚的、脂肪一样的物质财富的绷带,使它无法感受怜悯心。

理论之后

让那穷奢极欲

随意利用你的命令,因为知觉麻木而沉迷不悟的人,

赶快感到你的威力吧;

从享用过度的人手里夺过一些来分给穷人,

让每一个人得到应得的一份吧。

第4幕,第1场

如果我们对他人的同情没有因为声色而耗尽,我们会对穷人的贫困产生恻隐之心,会和他们分享阻碍我们感受他们悲惨境地的个人财产。这样,问题就变成了解决问题的方法。身体的新生和激进的财富重新分配密切相关。要精确地感知,我们必须感觉;要有感觉,我们就需要将躯体从因太多的财产而引起的感觉缺失中解放出来。富人与同情心隔绝,是因为财产太多,而使穷人身体虚弱的,正因为财产太少。要让富人修复他们的情感丧失,就要让他们感受他人的穷困。其结果会是彻底的社会变革,而不仅仅是心情的改变。在莎士比亚的想象中,共产主义和肉体的存在是紧密结合的。

富人的麻烦,在于财产将人束缚在当前,因而保护他远

第七章 革命、基础和基要主义者

离死亡。富人要过匮乏的生活，穷人要过更安全的生活。理想的结合是生活上有足够商品，但愿意随时放弃这些商品。这一点显然难以做到；但这种放弃事实上是每个人最终以死亡的形式不得不做的。愿意现时就放弃财产，使得死亡降临时，就不那么可怕。如果我们已经习惯于生活在匮乏之中，拒绝使我们的欲望充斥着偶像和种种迷恋，我们就预演了生活中的死亡，因此也就使死亡不那么可怕。生活中的自我给予就是死亡最后自我放弃的预演。富人们发现难做的正是这一点。问题就在于：只要富人活着，穷人就无法富足地生活，只要穷人还活着，富人就不会缺衣少食。富人需要提防危险袭来。

财产剥夺了人的真正未来。财产确保未来只是现在的无穷重复。富人的未来就和现在一样，只不过更加富裕而已。隐藏在人心底的最终希望就是不要发生什么大事。当问到他们最怕什么时，富人们会用一位英国前首相的话来做答："事件，天哪，事件。"害怕，而不是仇恨，才是人类大多数祸害之根源，特别是仇恨的根源。富人在他们的生活中需要更多的变化，而穷人更需要安稳。富人没有未来，因为他们拥有太多的当下，而穷人没有未来，是因为他们几乎没有当下。因此，两者都不能叙述自己令人满意的叙事。

西方，特别是美国，总的来说，并没有汲取李尔的教训。美国是个常常认为失败是可耻、难为情、甚至邪恶的国家。它的文化特点是：乐观、强健、热情洋溢、斩钉截铁地拒绝屈服、逃避或者说"没有办法"。它是个由渴望着说"行"和热切地说"办得到"的人组成的国家。与之成鲜明的对比的是，英国是由一群职业的抱怨者、讥讽者、长期承受苦难的禁欲者组成的国家。除了心理分析家，没有其他群体会如此频繁地使用"梦想"这个词。美国文化对限度这个观念深恶痛绝，因而也对人类生物学充满敌意。后现代迷恋肉体，因而害怕生命的规律。身体是美国文化研究中极其热门的话题——但这是可塑的、可以更改的、由社会构造的身体，而不是那会生老病死的皮囊。因为死亡是最终会落在我们所有人身上的绝对失败，所以它在美国一直不是受欢迎的议题。英国电影《四场婚礼和一场葬礼》的美国发行商，为了改变电影片名，曾竭尽全力，但也没有取得成功。

在这样一种文化中，尽管可怕的事件不时发生，不可能有真正的悲剧。美国是个根深蒂固的反悲剧社会，现在不得不面对可能是其有史以来最可怕的时代。因为悲剧像他的同伴喜剧一样，取决于承认人类生活的本质有缺陷，是一团糟——尽管在悲剧中，人们不得不经历极其痛苦的人生才能

第七章　革命、基础和基要主义者

得出这一认识：人类自我欺骗是如何的固执和顽强。喜剧从一开始就欣然接受人生的粗糙和残缺，对不可能实现的理想不抱任何幻想。与浮夸、愚蠢的行为形成鲜明对照的是，喜剧挖掘日常生活中普通、执着、不可摧毁的素材。因为没有人是独一无二的珍贵，因此没人会落得悲剧性的失败。

悲剧的主角，需要被绑在火轮之上。对照之下，才能认识到缺憾是事物本质的一部分，粗糙和残缺是人类生活运行的原因。作为形式，悲剧依然受制于无情而严厉的超我——受制于残酷而苛求的理想，这些理想不断提醒我们没有能实现理想的失败。同时，不像喜剧那样，悲剧意识到，并不是所有的理想都是假象。如果说悲剧太重视这些崇高观念，喜剧则对这些观念抱一种民粹犬儒主义（populist cynicism）。悲剧是从失败中夺取胜利，而喜剧却关注失败本身的胜利，嘲讽地分享、接受我们的弱点，使得我们较不容易被伤害。

悲剧很大程度上取决于这个事实：我们并不完全是自己命运的主人。这一点正是美国文化难以接受的，对它而言，"我已做出选择"是熟悉的词汇，"这不是我的过错"是不能接受的字眼。正是这信条，把这么多人打入死牢。在精疲力竭、深受死亡折磨的欧洲，很难忽略历史瓦砾的座座墓冢，自我埋藏在其间，也限制了自我实现自我选择的自由。犬儒主义，而不是坚定刚毅的理想主义，因而也就更为时髦。如果说美国是意志力（will-power）的国家，欧洲就是尼采权力意志的故土，权力意志在某些方面几乎就是意志力的对立面。

使得美国不朽、拒绝屈服、拒绝死亡的正是意志。就像欲望，意志总能产生出更多的意志。但是尽管欲望难以控制，意志却是控制本身。意志这种欲望毫不妥协，令人望之生畏，意志没有犹豫畏缩，不知约束限制，无视热嘲冷讽和自我疑虑。对这个世界来说，它贪得无厌，竟然在盛怒之时想冒险将世界打个粉碎，塞入其无法满足的胃中。意志似乎爱上了它所见的一切，但暗地里，它却爱上了自己。因为死亡欲潜伏在它的背后，意志总是一身戎装，这并不出人意表。它的阳刚强劲掩盖了对死亡惊慌失措的否认。美国所具有的是自满的傲慢。

这个毁灭性的意志反映在了美国文化唯意志论（voluntaristic）的陈词滥调上：一切皆有可能、绝不说"绝不"、对自己有信心，你就能行。如果残疾人不能行走，他们至少可以把自己重新定名为"面对挑战者"。正如所有松散地连接现实世界的意识形态，"生命神圣"、"人都是特殊的"、"生命中最美好的事物是自由"，这些庄严的政治口号有人相

第七章 革命、基础和基要主义者

信,同时也有人不信。意识形态,就像弗洛伊德的无意识,是禁止矛盾的法律还没接触过的领域。只要狂热积极的意志还在运行,就不会有定局,因此也就不会有悲剧。对意志的崇拜应属于天真幼稚、矫揉造作的乐观主义,充满了天真的幻想和悠扬的琴声。

在这种无情的、乐观的氛围里,感觉消极就是思想罪,热嘲冷讽就是政治背叛的形式。人人都被迫要觉得自我感觉良好,而问题却是有些人没有觉得罪大恶极。福音派基督徒甚至因为欺诈或恋童癖而入狱时,还带着狞笑,公开宣称他们信仰早期巴勒斯坦死牢中的失败的一员——耶稣。桀骜地否认限制,任性的乐观愉快,疯狂的理想主义,这种无限的意志代表了那种会使得古希腊人战栗而惶恐地仰望天空的狂妄。确实,有些意志的捍卫者也惶恐地仰望着天空,搜寻着天谴报应的迹象。

美国帝权(imperium)的支持者们不用回应上述评论。他们可以简单地将其斥责为"反美"。这个战术方便之极。对美国的所有批评都源于对《芝麻街》*和咸肉汉堡的病理厌恶。它们表达的是较不幸的文明内部郁结的嫉妒,而非理

---

* 美国公共电视台演播的儿童电视系列节目。——编注

性的批评。看来,似乎没有理由不推广这种战术。朝鲜对人权的镇压,令人痛恨,所有对它的批评只不过是反朝鲜主义的病态症状。中国的专政喜欢判人死刑,怒叱此政权之人不过是令人作呕的欧洲中心主义者而已。

"下列观念愚蠢透顶,"W. G. 谢巴德小说《眩晕》(Vertigo)中的一个人物说,"一个人转一下舵轮,仅仅凭着意志力,就能影响事态的进展,而事实上,所有的一切都是由最复杂的相互依存关系来决定的。"意志崇拜否认我们依赖关系的真相,这种依赖关系源于我们的肉身。有肉身就意味着要互相依存着生活。人的躯体并不能自给自足:在他们的性格里有个称作欲望的豁开的大洞,这使得他们自己看来显得怪僻。正是这种欲望使我们成了非兽类:倔强任性,行为出格,深感宏图未展。要是我们像野兽般地生活,我们的生活就不会如此乖谬。欲望渗入了我们的动物本能,使我们的本能偏斜。然而,在诸多因素中,正是因为有了欲望,我们才成了历史生物,能在类存在物(species-being)的限制内,改造自我。我们能自主决断,但只是以更深层次的依赖为基础。这种依赖是我们自由的条件,而不是对自由的侵害。只有那些感受到支持的人才感到足够的安全,才能自由。我们的身份和富乐安康总是由他者(the Other)来照料的。

第七章　革命、基础和基要主义者

圣奥古斯丁在其《忏悔录》中写道，"依凭自己的意愿生活，是在取悦自己的意义上怡然自得，不完全是虚无，而是接近于虚无。"自主生存是一种没有价值的生存。任性的人有的是赘言冗辞的空洞。他们想当然地认为：根据自身以外的法则行事就不能称为自己生命的主宰。而真相却是，除了根据并非个人发明的规则和惯例，我们根本无法有目的地行动。这种规则不像浪漫派想象的那样，是对个人自由的限制，这样的规则是自由的条件之一。我不能根据原则上只有我能理解的规则行事。那样的话，我会和其他任何人一样无法理解我的所作所为。

然而，意志面临着一个巨大障碍：它自己。意志能将世界纳入自己喜欢的任何形态。但这样做，它就得严格，坚定，因而从它自己喜欢的可塑性中解脱出来。这种严格也就意味着它不能真正享受自己所制造的那个世界。为了无限的繁荣旺盛，迫使我们超越限制的意志，就必须走开。所需要的是个永远可塑的世界，但这个世界却没有坚定的意志。如果世界本身注定呈现出主体性的浮动性，富有活力的人类主体就一定得消亡。这就是后现代主义的文化。后现代主义出现之后，意志转过身来攻击自己并在具有强烈意志的主体身上建立起了殖民地。它所催生的人类和周遭的社会同样多变、松散。

从后现代主义思想中走出来的人没有中心,讲究享乐,好自我发明,不停地适应环境。因此他在迪斯科舞厅和超市里如鱼得水,然而在学校、法庭和教堂里就相形见绌了。他听起来更像一位洛杉矶媒体主管人员,而不像一位印度尼西亚的渔民。后现代主义者反对普遍性,他们也很有道理这样做,他们推崇的那种人最为狭隘。为了我们的自由,我们现在似乎必须牺牲我们的身份,这就使得谁来实施那种自由的问题悬而未决。我们变得像一位总经理,因为不断地旅行而头昏眼花,思维混乱,连自己的姓名都想不起来了。人类主体最终挣脱了它自己的限制。如果所有的固体都要变为气体,人类也不会例外。

这也包括社会生活有着坚实基础的观点。路德维希·维特根斯坦写道:"我们所做的事情没有一件是能以绝对的、最终决定的方式加以辩解的。"[1] 这个陈述可以被认为大多现代思想的主旨。在没有理性的基要主义时代,我们所有观点只具有暂时性这一认识——后结构主义和后现代主义的核心认识——还是大有裨益的。不管这些理论有怎样的盲点和

---

[1] 路德维希·维特根斯坦,《文化与价值》,牛津,1966年,第156页。

第七章 革命、基础和基要主义者

偏见，它们在基要主义者致命的自以为是面前相形见绌。它们当然也能成为基要主义者自以为是的宝贵的解毒剂。问题是，某种后现代主义思想那令人振奋的怀疑态度，很难与它在"深刻"的道德或形而上层面上和基要主义对峙时的厌恶区别开来。确实，这也可以总结文化理论所处的两难境地。后现代主义对深度过敏，这确确实实就像晚期的维特根斯坦。后现代主义相信：基要主义部分在普遍的、基本原则的、非历史的层面上提出论证。在这一点上，后现代主义错了。问题不在于基要主义所提出的主张的层次，而在于这些主张本身的性质。

并非我们所说、所做的一切，如果不扎根于某个不言而喻的基本原则，就都飘浮于空中。如果有人问我，为什么在公共场合头戴纸帽，我说我自惭形秽就足矣。我无需再加上这样做是因为我小时候，父母就告诉过我，我就是微型的波里斯·卡洛夫*（Boris Karloff），他们如是说，是因为他们是虐待狂，借摧毁我的自信来取乐。

我也用不着再解释我的父母为什么是虐待狂。"我自惭形秽"作为解释，并非不完整，除非我要追溯到诸如"有些

---

* 1887—1969，英国演员，出演过《弗兰肯斯坦》中的怪物等。——编注

人就是精神变态"这样的基本原理。我的解释眼下就可以作为一条底线。正如维特根斯坦忠告我们的：有人问你，村里最新的房子在哪里，不要回答说没有最新的，因为总有人想建造新房。确实，他们可能会造，但现在，那边的一幢就是最近造的。村庄并非不完整，解释总得在某处结束。

诚然，这种做法有其危险。"如果我已穷尽了这种根据，"维特根斯坦以他纯朴农民的面貌说道："我就碰到了基岩，我的铁锹打了卷。"于是，我就想说："我做的仅此而已。"[①] 但要是我的作为诈骗了老人们一生的积蓄，那会有怎样的后果呢？维特根斯坦确实在思考比这更根本的问题。他思考的是允许我们思我们所思、做我们所做的那些文化形式。当我们想对最初组成我们人类主体的生命形式有一个批判定位时，我们的铁锹却碰上了岩石，打了卷。但我们依然可能会感到这种想法太自鸣得意了。很多构成我们现在这个样子的事物沉淀为我们甚至都不能客观化的习惯。维特根斯坦在这点上的看法可能太过人类学了。

还有什么真的可以一直挖下去？对大多数现代理论而言，答案是"文化"。对尼采派，答案是权力。对某些反理论

---

① 路德维希·维特根斯坦，《哲学研究》，牛津，1963年，第85页。

第七章 革命、基础和基要主义者

派人士，答案是信仰。我们不能讯问自己的信仰来自何方，因为这个问题的答案将一定会以这些信仰的语言表达出来。我们已经表明，一个可能的答案，尽管是个现今不太流行的观点，是人性或类存在物（species-being）。本性不是人们轻而易举就能置诸脑后的词。一旦我们告诉半人马星座五星的人类学家作曲和感到悲伤都存在于我们的天性之中，我们就没什么更多的东西可以告诉她了。如果她问，"但为什么呢？"她就是还没掌握本性的概念。

至少就人类而言，这是本质主义（essentialism）的一种形式。现今激进的思想家因而对此疑心重重，它似乎表明，人类有些东西不会改变。他们绝对正确。有些东西，就像死亡、无常、语言、社会性、性功能、苦难、生产等等，不会改变，因为这些东西是人类生存的必需条件。但是我们纳闷为什么反本质主义者（anti-essentialists）会和时装设计师和电视节目调度员一起认为，没有变化总不讨人喜欢。附近总有些古怪而缄默的清教徒认为：人类不应该说话，也不应该有性行为才讨人喜爱。但我们大多数人都不属于这一类。我们知道，更为精明的反本质主义者，相信上述事情是永久的事实，但声称没有什么重要的事会因此而产生。重要的是文化——普遍真理在人类历史进程中所呈现的各不相同、互相冲突的种种形式。

在某种意义上这种看法是正确的，但在另一种意义上却是荒诞不经。一个人怎么会想象死亡所采取的各种文化形式比死亡本身的现实更重要？有些人埋葬时是站立的，有些人的灵柩下葬时要放排枪致敬，为什么这一事实比人生不过百年这一惊人事实更重要？何种事实更值得不朽的半人马星座阿尔法星人类学家注意？至少，有的事情很自然地发生这一事实并不能自动地被人们所接受，这就是反本质论者似乎害怕的那一部分。死亡是自然事件，某种疾病也是自然事件，但我们许多人宁愿碰不到它们。如果黑色树眼镜蛇游动起来不那么快得惊人，那当然好，但它们身上没有挂着重物，我们就束手无策。不管怎么说，人的本质都和变化有关。正因为我们是劳动的、社会性的、有性欲的、有语言能力的动物，我们才有历史。如果人的这种本质将来要彻底改变，我们就不再是完全的文化历史生物。反本质论者，那时无疑会处于两难境地。

基础的问题是，总有可能在基础底下再塞进一个基础。你一给它下了定义，它似乎就失去了它的最终性。很有可能，这个世界支撑在一头大象上，那头大象靠在海龟上，那海龟又靠在什么上呢？你可以硬着头皮追问，并像反本质论者那

第七章　革命、基础和基要主义者

样广为人知地声称：一路下去全是海龟；但一直到哪里结束？正如帕斯卡在他的《思想录》中指出"……任何人都看得出，那些被认为是最终的基本原理都不能独立地站住脚，而是要依靠别的原理，而别的原理还要依赖别的原理，这样就永远不可能有终极性。"① 陀思妥耶夫斯基的《地下室手记》中痛苦的主角抱怨道："我所有的任何主要原因立即会牵扯出另一个主要原因，而牵扯出的原因甚至更为主要，循环往复，永无止境。"要避免这种无止境的回退，所需要的就是不言而喻、不证自明的基础。需要的是自我建立的基础。从传统上来看，哲学的任务就是提出貌似有理的起这个作用的候选基础。

发明上帝这个观念是解决这个问题的最快方法。因为按照定义，上帝是不能再进一步深入的。根据斯宾诺莎所说，上帝是"自我生成的原因"，集目的、理由、意义于一身。然而，这注定是不能持久的解决方法。首先，上帝作为基础，被证明为太朦胧、太模糊。他不是原理，不是实体，不是可以定义的存在，甚至不像戈尔（Al Gore）那样，是可以论证为人的那种意义上的人。上帝和宇宙加起来不等于二。其次，

---

① 帕斯卡，《思想录》（Pensée），伦敦，1995年，第62页。

如果上帝真是世界的基础，显然他是一时犯了过失，仓促创造了这个世界，他还需要好好解释，他为什么一定要同时给我们霍乱和医用麻醉剂氯甲烷，答案并不完全一目了然。整个计划野心太大，而且荒唐，需要彻底重新组织。兼顾上帝这一观念和儿童被化学武器灼伤皮肤实属困难。

然而，除了上帝明显的残忍以外，还有其他使它名誉扫地的理由。之所以需要基础，就是要认识为什么事物一定会呈现那样的面貌；但上帝并不是对这一问题的适当解答。确实，在某种意义上说，他反而是问题所在。创世的观念意味着他创造这个世界只是为了好玩，只需对这个世界随处一瞥就足以证实这一点。他不需要制造这个世界。作为上帝，他现在也不需要做任何事情。世界的创造完全是事出偶然。没有创造世界也许更好。这就是声称上帝超然于他的世界之外的意义之一。上帝是事物存在的理由，而不是事物不存在的原因。但这不过是说明不存在任何理由的一种方法。

此外，上帝在创造宇宙时，犯下了一个致命而愚蠢的错误。他创世，为的是这个世界能自由自在，这意味着这个世界要独立于他意志的支配。要让世界成为他的作品，就意味着世界分享了他自己的自由，从而也具有自决能力。这一点特别适用于人类，人类的自由就是上帝自己的形象。正是在

第七章 革命、基础和基要主义者

这个意义上,人类才以上帝的相貌得以塑造——否则,就是一种古怪的主张,因为上帝大概没有卵巢,也没有趾甲。似非而是的是,人类能自由,正是因为依靠了上帝。然而,自由是不能由谁来代表。自由是难以捉摸、像水银一样从我们指间溜掉、拒绝被形象化的东西。给自由下定义就是毁灭自由。

因此,世界的基础在于自由——但这一说法看起来又像没有任何一点点的基础。如果这个世界是自主运行的,那么哪里还需要一个上帝?相反,我们可以提出一种论述,承认世界的自主性,同时将其缺席的创世者搁置一边。这就是世人所知的科学。上帝因为自己的创造而变得多余。把上帝保留在工资名单上根本就没有意义。正是他那轻率、傲慢的决定——让世界自主运行,最终毁了他。就像那个发明家,他发明的不会毁坏的皮革的方案被一家制鞋公司买断并被付之一炬,他聪明过头,使自己丢掉了工作。

然而,可以作为基础的选项并不缺乏。本性、理性、历史、精神、权力、生产、欲望,现代社会目睹了所有这些选项的流行,也见证了它们大多数的消亡。它们都以自己不同的方式叙述着人类。人类是可以作为新基础的。但这也只是差强人意。首先,把人看做人的基础似乎是古怪的循环论证。

从作为基础的身份来看，人是比上帝更有希望的候选人，因为人有血有肉，可以感知。上帝隐身于无形，作为基础，这一直是他要取得事业成功的重大障碍，使得许多人得出并非不合理的结论：他并非只是以隐身方式存在；而是他根本就不存在。

其次，人必须脱胎换骨才能扮演基础的角色，人必须被简化为抽象的人的主体——"主体"这个词意为位于底部的东西，或者叫基础。扮演这一庄严的角色，人必须摆脱肉体的现实。作为历史的人类太有限，不能成为基础，而作为普遍主体的人类，又太捉摸不定。既然人类也是由自由构成的，他也碰到了使上帝无能为力的所有问题。要采取自由的立场似乎是基于子虚乌有。如果自由意味着不可捉摸，人类也就变得像上帝那样高深莫测了，尤其是对他自己而言。在他权力的顶峰，他就自欺欺人了。人类是世界中心的一个谜。人是所有事情的底线，但又不能在底线上得到呈现。相反，人是世界中心难以忘怀的缺席。

人类被抬高到这种准神的地位，自然讨人喜欢。感到整个世界依赖于我们自己，而且如果我们消失，世界就会消失，使人高兴。但这也是焦虑的有力源泉。它意味着不存在着任何足以独立于我们之外，可以与之对话的事物，因此使我们

第七章 革命、基础和基要主义者

确信自己的价值和身份。所有的对话都变成了自我对话。这就像和自己在打曲棍球。赋予我们最高价值的东西，同时也是在损害最高价值的东西。我们作为自己历史的作者可以随心所欲地行事——但既然发明规则的是我们，这种自由看来荒唐而没有正当理由。我们是权力无限的君王，无人敢和我们作对，但我们越有权势，我们的生活就越没有意义。使我们特别的东西也正是使我们的孤独的东西。我们永远摆脱不了自我，就像在雪利酒晚会上陷入了一个让人无法容忍的无聊家伙的圈套。

这样，人类被推翻的时机终于成熟，弗里德里希·尼采发动了一场政变。正是他指出：上帝死了，意思是我们不再需要形而上的基础（metaphysical foundation）。只有怯懦和病态的怀旧使得我们不能忘怀形而上基础。我们不再相信有绝对价值，但不能承认我们不再相信。通过我们咄咄逼人的世俗化行动，我们踢开了自己的形而上基础，谋杀上帝的正是我们自己。这一切也是隐匿上帝尸体的理由。我们是神性的谋杀者，但却胆怯地否认我们的弑神。而这一否认成了使得病入膏肓的上帝活下去的人工呼吸器。尼采，和他的后现代弟子们一样，只不过是要我们坦言承认。我们就像婚姻已死去多年却不愿意承认的夫妇。我们身处行为的矛盾中，我们的言行荒唐地背离。银行家和政客可能声称自己相信绝对价值的存在。但一般只要通过观察其行为而无需探视其心灵，就可以知道他其实不然。白宫宣称虔诚地相信万能的主，但显而易见，它并非如此。

对尼采来说，用人来代替上帝没有意义。那只不过是另一奸诈诡计，来避免面对上帝之死。用人本主义（humanism）崇拜来代替宗教崇拜，注定不能赢得任何东西。这两种信念的休戚成败是捆绑在一起的。上帝之死必然导致人类的死亡，人类是上帝在地球上的化身。具有讽刺意味的是，这只不过是基督教教义本身的颠倒。对基督教信仰而言，一个人（耶稣）的死亡，就是作为报仇教主的上帝形象的死亡。上帝显示的身份是朋友、爱人、同罹难者，而不再是非人老爹（Nobodaddy）。用拉康的术语来说，是一个主宰性能指（Master Signifier）为粪便剩余物（excremental remainder）所替代。尼采一心要驱逐的正是教主形象的上帝，并没意识到这就是再次杀死上帝。我们必须有勇气过那相对的、临时的、没有基础的生活。或者说，我们必须坦然地承认，这反正就是我们现在的生活方式，让我们的信仰赶上我们的实践。我们的言必须扎根于我们实际的行，否则，我们的言就没有任何力量。

第七章　革命、基础和基要主义者

就这样，尼采预见到了资产阶级文明运动进入到后形而上学时代。像上帝、自由、国家和家庭这些绝对价值能绝佳地确保社会稳定，但也能阻碍你取得利润。如果钱和形而上学要一决胜负，后者肯定败北。这种制度需要找到新方法来证明自己合法，并在后尼采阶段提出了惊人的彻底解决方案：不要试图证明自己合法。或者，至少不要以任何终极方式来这样做。合法化是问题的一部分，而不是解决方法。无论如何，合法化都是无意义的重复；因为你对自己行为的辩护，不可避免地要用语言，即你从试图捍卫的生活方式中得到的语言。新教徒着迷于自我辩解，令我们生厌。说到底，有谁能为我们自己辩解？

相信基础和成为基要主义者之间是有差别的。你可以相信人类文化必须有要基础，而不必成为基要主义者。确实，什么是基要主义，这个问题值得探究，要记住：它在蒙大拿州和中东都同样发达。

从某种意义上来说，每个人都是基要主义者，因为我们每个人都心怀某些基本的信念。这些信念不必是明智的、充满激情的、甚或特别重要的；它们必须是你的生活方式的根本。你不必准备为它们奋斗到死——尽管你可以为微不足道的信念而战死、更不用说为错误的信念而战死。相信任何东西都没价值和相信轮回转世说或者相信犹太人的阴谋遍布世界都是基本的信念。我的一些看法，比如说，我坚信我不愿在马林加（Mullingar）度过余生的念头，从我可以想象到我会改变自己的观点这一点上来说，是不能持续很久的。就生活质量的活力而言，说服我马林加远胜于渥太华，并不要费很大口舌。

但我还有其他的信念——例如，亨利·基辛格并不是这个星球上最令人羡慕的人——深入我的身心，不坚持这些观点，我就好像成了一个完全不同的人。并不是我固执己见，排斥基辛格并不像我认为的那样可憎的证据；而是接受这样的证据需要断然彻底改变我的身份认同，那感觉就像是完全放弃了我的身份认同。但如果基辛格真是个腼腆、热心肠、被人误解的老泰迪熊，我很可能就会准备改变自己的观点。

事实上，正是因为我们有那些更加根本的信念，我们才能说得上有身份认同感。说到底，不管我们怎么努力，这些信念都不会轻易抛之脑后；这些忠实的感情，不管值得称赞或是令人厌恶，明确地界定了我们是谁。深入我们内心的信念，只是在有限的意义上是我们能选择的信念。这也是唯意志论的错误之处。你不能像决定不再梳中分头一样，就这么下决心不再做道教徒或托派分子。确定你认为重要的、值得

第七章 革命、基础和基要主义者

一做的事情，就确定了你是谁。所有这些诚然都可改变，但如果改变足够深刻，产生出来的也是具有这样轻重缓急观念的新的身份认同。任何真心实意相信"什么事情都不重要"的人，相对于因为这种说法看上去很时髦地"反等级"而认同这种说法的人，不会是我们所认可的人。你只要观察他们五分钟的行动，就可以了解他们一点也不相信这一点。

因此，基要主义不是有没有某些基本信仰的问题。也不是你坚持这些基本信仰的方式的问题。它不仅仅是风格问题。你不再坚持基要主义信念，并不是因为你微妙、拘谨地、自谦地表达这些信念，每隔几分钟就虚心地承认几乎可以肯定自己的判断出了问题。左翼历史学家 A. J. P. 泰勒申请牛津大学马格德林学院（Magdalen College）研究员一职，面试时曾被冷冷地问道，他持极端政治观点是否属实。对此他回答说，属实，但他持有这些观点的方式并不偏激。

对照之下，有些人的政见相当温和，但持有这些观点的方式却相当极端——那些人，对诸如种族主义、性别歧视这些特别的政治议题大声疾呼的人，但这些人在其他议题上的看法秉持无可挑剔的中间路线。泰勒有可能一直在暗示：他并不真的相信别人认为他应该持有的政治观点；或者，他也可能表示，尽管他相信自己的信仰，他不同意将人绑起来，塞住嘴，吊在房梁上，用自己的观点威吓这些人。事实上，这也许是他的基本信念之一。

知识专制主义（intellectual authoritarianism）的反面不是怀疑主义，不是冷淡，也不是坚信真理总会置身于中庸之中。它愿意接受你像我一样热诚地坚持自己的基本原则。确实，只有认可这一点，我才能打败你那些守旧僵化的偏见。大度容忍和坚定拥护某方利益并非不可兼容。因为并不是前者总是低语，而后者总是怒吼。容忍的反面不是狂热的坚信，正是在大度容忍之人的热切坚信中才有了如下信念：其他人通常和他们自己一样有权保有自己的观点。这并不是说，他们不热衷于坚持自己的观点。

说"通常"，因为这当然不表明每个人可以自由辩论自己喜欢的任何事情。几乎没有人相信存在着言论自由。公开指控他人是战犯而没有一点证据的人，会遭到应有的起诉。基要主义者与其批评者的分歧并不在于审查制度上的分歧，因为几乎每个人都支持审查制度。基要主义者并不心胸狭窄；而有很多非基要主义者则心胸狭窄。比方说，基要主义者和非基要主义者都会对让5岁的孩子看淫秽电影感到不安，而许多反基要主义者相信应该禁止在公开场合表达种族主义观点。那么，我们看来并没有回答基要主义是由什么构

第七章 革命、基础和基要主义者

成的问题。这不是把有基本观点或支持审查制度,甚或教条的问题。也不一定就是把自己的观点强加于人的问题。耶和华证人会是基要主义者,但他们通常并不拿着枪闯进你家,而是一只脚悄悄地跨进了你的前门。

耶和华证人会是基要主义者,因为他们相信《圣经》的每一个字都是千真万确;这肯定可以说是基要主义唯一真正被大家接受的定义。基要主义和文体有关。① 它企图用《圣经》中公认的标准,认为上帝是意义的最后保证人来使我们的讨论有根有据。它意味着严格信守经文,它害怕不照本宣科,即兴创造或意义含糊,也憎恶过度和模棱两可。伊斯兰基要主义和基督教基要主义都谴责盲目崇拜,然而两者都极其崇拜神圣经文(sacred text)。基地组织(Al-Qaida)可以意味着法律、文字、基地或原则。

神圣经文比生命本身更为重要,是一种在暴力中能结出果实的信念。《圣经》和《古兰经》都能将建筑物夷为平地。经文"字句是叫人死"在当代世界里已悲剧性地得以证实。2002年3月11日,大火在麦加第31女子中学燃起时,宗教

---

① 基要主义并不仅仅和文本有关:它也牵涉到严格遵循传统教义和信仰,献身于被认为永不改变的宗教基本信仰,等等。但是完全按照字面意义解释是其本质。

警察把一些逃出来的女生赶回学校,因为她们没穿长袍,戴头巾。14位姑娘丧生,数十人重伤。在世界的其它地方,为人堕胎的美国医生在家人面前,被热爱家庭反对堕胎、渴望用核弹摧毁伊朗或北朝鲜的人射杀。

基要主义者并不认为"神圣经文"这一词组自相矛盾,——没有任何文本是神圣的,因为每篇文字都会因为意义的多重性而被滥用。文字作品就意味着任何人在任何地方都能决定文字的意义。已被书写下来的意义是不清洁的,而且还很杂乱,随时准备迎合碰巧进来的任何人。就像物质,在基要主义者眼中,语言的生命力太旺盛,没完没了地产卵,繁衍,无法一次只说一件事。人只能在语言中获得明晰性,然而语言本身却是对明晰性的威胁。然而如果没有明晰性,任何意义都要受到暗喻或含混的影响,我们怎样才能在一个变化太快、需要我们谨小慎微的世界中找到立足之地,从而为我们的生活找到一个足够坚实的基础?

这种焦虑不应受到嘲弄。在一个要求人们一夜之间以新的形象出现,退休金突然被公司的贪婪和欺诈一笔勾销、全部的生活方式被漫不经心地抛进了垃圾堆的世界里,寻求坚实的土地(terra firma)就不是什么古怪或愤怒的事情。感觉到自己脚下只是稀薄的空气使人难受。大多数人希望他

第七章 革命、基础和基要主义者

们的个人生活有个安全点。那么他们为什么不能在社会生活中也要求这一点呢？这样做，并不一定就是基要主义者。

基要主义只不过是这种愿望的病态变种。它是为我们生存找出坚实基础的神经质探寻，它无法接受人类生活不是脚踩稀薄空气，而是崎岖坎坷的问题。从基要主义者的观点看来，崎岖坎坷看起来只能是极其不幸的缺乏明晰性和确切性，就好像有的人感到测量珠穆朗玛峰不精确到毫米，我们就不知道它的高度一样。毫不惊奇，基要主义认为身体和性欲，除了要被克制的危险之外，没什么大不了，因为从某种意义上讲，所有的肉体都是不光滑的，从某种意义上讲，所有的性都是费力的交易。

圣经基要主义的一个例子是可以显现其荒诞。大家知道，名叫路加的那位《新约》作者可能也知道耶稣或许诞生在加利利，但需要让他出生在犹太省，因为有预言说弥赛亚将出生在犹太的大卫家族。不管怎么说，如果耶稣就是弥赛亚，他诞生于土里土气的加利利，这就很像一位大公降生在印第安纳的加里。于是路加冷静地发明了（并没有历史记录）的罗马人口普查。人口普查指令罗马帝国的每个人都要回到自己的出生地，以便登记。耶稣的父亲约瑟出生于大卫家族，就和怀孕的妻子玛利亚回到了大卫的城市，伯利恒。

于是耶稣就很方便地在那儿降生了。通过这样难以置信的叙述手段，耶稣为自己取到了适当的血统。

很难想出一个比让整个罗马帝国的人回归故里去进行人口登记更荒谬的办法。为什么不在当地登记？这样一个鲁莽的做法造成举国混乱。交通大堵塞就会贯穿整个罗马帝国。然而如果在一世纪确实发生过这样大规模的人口迁移，几乎可以肯定，除了路加福音的作者之外，我们能从更可靠的原始资料中知道这件事。

基要主义者漂荡在社会生活的崎岖地面上，怀念着你能够想象、却无法行走的绝对肯定的光滑冰面上。他确实是更病态的保守派，——因为保守派也怀疑，如果没有严密的规则，严格的限制，那么，存在的只能是混乱。而且，既然没有规则来约定如何运用规则，混乱始终迫在眉睫。保守人士喜欢人们所称的防洪闸论点：一旦允许一个人在汽车窗外呕吐而不课以漫长的刑期，那么转眼之间，司机们就会一直趴在车外呕吐，而道路也就会被阻断而无法通行。清晰易懂的法律条文、详尽无遗的定义、不证自明的原则，所有这些都横亘在我们和文明的崩溃之间。真相却是恰恰相反：与犬儒主义或不可知论相比，基要主义的偏执原则，更可能使文明轰然倒塌。那些害怕、憎恶非存在的人想去炸掉别人的手足，

第七章　革命、基础和基要主义者

这真是非常讽刺的事。

保守主义者或基要主义者的问题是：你一说"法律"或"规则"，不是控制某种混乱，而是引发某种混乱。运用规则是一种创新性，而且永无止境的事，更像从搭乐高积木而弄清修筑泰姬陵的规程，而不是遵守交通信号。维特根斯坦提醒我们，网球没有规定球要抛多高，击球要多狠，但网球还是有规则制约的。至于法律，我们已经看过《威尼斯商人》中鲍茜娅法律条文至上的诡辩，没有什么比它更清楚地表明法律的含糊其辞了。鲍茜娅向法庭指出：夏洛克要取得一磅肉的契约没有提及割肉时连带着血，从而使得在劫难逃的安东尼奥成功逃脱。

然而，没有一个现实的法庭会认可这样一个愚昧的理由。没有任何的文书能解释明白其所有可能的含义。你还不如声称：夏洛克的契约没提到要使用刀，也没有提到割肉时，夏洛克的头发是否应该梳成相当迷人的马尾辫挂在脑后。鲍茜娅对契约的研读，过于拘泥于字面含义，因此是错误的：这是基要主义者的读法，拘泥于文本的字面意义，因而明目张胆地歪曲其意义。要想释义精确，解释必然要有创见。它必须利用对生活和语言运作的默示了解，以及理解永远不能准确表述的实际经验，而这正是鲍茜娅所拒绝的。如果我们要想尽可能地明晰，某种程度的粗糙（roughness）就是不可避免的了。

基要主义者想让世界有个坚实的基础，在他们看来，这个基础通常就是神圣文本（sacred text）。我们已经看到，文本最不可能达到这一目的。缺乏弹性的文本和缺乏弹性的弦是同样古怪的观念。在这一点上，我们可以将基要主义和称为喀巴拉的犹大异端传统作一对比：后者显然对神圣文本持惊人的自由态度，理解时反其意而言之，把它们当作密码电文，进行违反本义的释读。对某些喀巴拉派而言，经文中有文字缺失，一旦文字填入，理解就会相当不同。对其他派别来说，经文中字与字之间的空格本身就是缺失的文字，总有一天上帝会教我们如何诠释。

对基要主义者来说，不存在着文字的缺失，他想用死亡来支撑生命——用死的文字（dead letter）来支撑活的文字。一旦《圣经》或《古兰经》的文字搅动起来，基础随之晃动。《马太福音》，一时粗心大意，描绘出耶稣同时骑着一匹雄马驹和一匹驴进了耶路撒冷，这样的话，上帝之子必须每条腿骑上一匹。如果文字必定要赋予生命以死亡的必然性和终极性，那么文字必须进行严格的防腐处理。意义绝不能透水，必须铁壁铜墙。一旦承认"bank"一词不止一种意思，这个

第七章 革命、基础和基要主义者

字转眼就能表示从"预期的"到"葡萄球菌"的诸多意思。

然而,这里就存在着一个悖论,基要主义是一种恋尸癖,爱恋着文本的死亡文字。它把文字当作东西来处理,就像黄铜制的蜡烛台,沉重而不会产生凹痕。它这样做是想永永远远地冻结某些意义——但意义本身并不是物质。对基要主义者来说,理想的局势是具有意义,而没有书面语言——因为文字作品是易腐,有形体、易污染的。它只是表达空洞真理的微不足道的工具。基要主义对文字的物质载体的蔑视和它对人类生命的冷酷无情之间存在着联系。文字宝贵,只是因为它承载着永恒的真理。为了保存观念的纯粹它随时准备摧毁一切创造。这当然是一种疯狂。这种对纯粹的欲望乃是对非存在的欲望。我们现在可以转而谈论这个主题了。

第八章　死亡、邪恶和非存在

从根本上来说，基要主义者是有恋物癖的人（fetishists）。在弗洛伊德看来，物神是你用来填补不祥缺口之物；基要主义者急急忙忙要去填补的恐怖的空白，只不过是含糊不清、结构粗糙、不能确定的人类存在的本质。基要主义者最害怕的正是非存在。他们用教条来填补虚无。

这是西西弗斯（Sisyphus）的工作，因为我们是由非存在构成的。爱尔兰哲学家乔治·贝克莱说，"我们爱尔兰人往往会认为，有物和无物是近邻。"人的意识本身就不是物，人的意识只能通过它看到了什么或想到了什么，才能得以定义。它本身完全是虚空的。大卫·休谟也许是英国最伟大的哲学家，他承认，他正视自己的心灵之时，找不到一丝一毫纯粹是他自己的东西，相反，找到的只是其他事情的知觉或感觉。此外，因为我们是历史动物，我们始终处于"变成"的过程之中，永远在超越自己。因为我们的生活就是一个计

第八章　死亡、邪恶和非存在

划,而不是一连串的当下时刻,我们永远不能取得像蚊子或干草叉那样稳定的身份。

只争朝夕,抓紧良机,时不我待,有花堪折直须折,欢宴行乐,这样的训诫肯定有幼稚的成分。正是我们不能生活在当下这一事实——当下永远是未完成计划的一部分——把我们的生活从记事转变为叙事。像金鱼一样生活并没有特别珍贵之处。我们无法选择非历史地生活：历史和死亡一样,都是我们的命运。

没错,在一个以未来做交易的社会里,田野里的百合也许值得模仿,尽管很难知道百合的生活是什么滋味。倘若能够生活在当下,我们的存在无疑要少很多焦虑不安。但是用诗人爱德华·托马斯的话来说,直入当下的核心,我们体验到一种永恒。如维特根斯坦所见,永恒,如果确实存在,那就是此时此地。而且永恒不是为我们设立的。对人类而言,从存在中会产生出更多的存在。我们是尚未,而不是现在。我们的生活是由欲望组成的生活,这种生活将我们的存在彻底掏空。如果自由极为重要,我们就必定会避开对自己详尽的定义。如果我们也是自我矛盾的野兽,悬游于天地之间,厕身于天使和动物之中,我们就更加要抵制对我们的定义或描述了。

理论之后

人难以捉摸，是风景中央的黑色污点，是这个世界的光荣、笑话和谜语。在帕斯卡看来，人类是怪物，"是不可理解的恶魔"，我们荒诞怪异，思维混乱，自相矛盾："虚弱的蚯蚓，真理的宝库，宇宙的光荣和垃圾！"[1] 帕斯卡得出结论：人类，'超越了人类'。违反或违背我们的天性就是水到渠成之事。在黑格尔看来，纯粹的存在（pure being）是完全不确定的，因此也无法与空无（nothingness）区分开来。在叔本华看来，自我是"无底的真空"。在无政府主义者马克斯·施蒂纳（Max Stirner）看来，人类是种"创造性的空无"（creative nothing）。在马丁·海德格尔看来，真诚地生活就是接受我们自己的虚无，就是接受这一事实：我们的存在是偶然的，没有理由的，无法选择的。在西格蒙德·弗洛伊德看来，无意识的消极性渗透了我们的一言一行。

意识形态的存在使我们感觉到自己的不可或缺；现存的哲学却提醒我们并非不可或缺。正确地看世界就是从世界的偶然性角度来看待这个世界，而这就意味着透过它潜在的非存在（non being）的阴影来看世界。特奥多尔·阿多诺写道："存在的事物，都是与其可能的不存在相比而被感知的。

---

[1] 帕斯卡，《思想录》（*Pensée*），伦敦，1995年，第62页。

第八章 死亡、邪恶和非存在

仅仅这一点就使得它完全成为一种财产……。"[1] 严肃地看待某事就是庆祝其存在的幸运的偶然。现代派的艺术品，存在于一个没有基础的时代，不得不以某种方式来显示下列真理，即：只是为了逼真，它还不如不问世的好。临时性地对待自己是它最接近真理的方式。这也是反讽广受现代派青睐的原因。

人类也得以反讽的方式生活。接受我们自身存在的无根基的一个理由，也就是生活在死亡的阴影中。没什么比我们必定会死亡更能生动地表明了我们实在是多余的。接受死亡也就能过更丰富的生活。承认我们的生命是暂时的，我们就能放松对生命神经过敏的控制，从而更好地享受生活。在这个意义上，欣然接受死亡，不同于病态地喜欢死亡。此外，要是我们真的把死亡放在心上，几乎可以肯定我们现在的品行会更高尚。要是我们始终时刻面临死亡，我们想必会更容易宽恕敌人，修复关系，放弃最近收购贝斯沃特区，赶走全部租户之举，认为这样做不值得。阻碍我们做这些事情的部分原因，正是我们会永远活下去的错觉。长生不老和道德败坏是紧密联盟的。

---

[1] 特奥多尔·阿多诺，《小伦理学》，伦敦，1974 年，第 156 页。

理论之后

死亡对我们来说既格格不入，又亲密无间，既不完全陌生，也不完全熟稔。在这个程度上，一个人和死亡的关系与他和其他人既是伙伴又是陌生人的关系相似。死神虽然不完全是朋友，但也不完全是敌人。它像朋友，能启迪自己有自知之明，然而，它启迪我的方式却像敌人，总的来说，是我不愿意听到的方式。它提醒我的生物性和限度，提醒我存在的脆弱和短暂以及自己的贫困和其他人的易受伤性。意识到了这点，我们就能把事实转化为价值。就这样，死亡交织进了我们的生活，它也变得不那么令人望而却步，不再是将我们撕裂的一股凶恶力量。它确实试图彻底毁灭我们；但在这过程中，它却暗示我们如何生活。而这却是于朋友身份相称的一种行为。

但死亡并不只是能给我们一些友好的忠告。朋友们也能将我们从死亡中营救出来，或至少帮助我们消除对死亡的恐惧。死亡要求我们的完全的自暴自弃，只是在我们生活中多多少少排演过后，才是能忍受的。友谊的舍己为人是种小死亡（petit mort），是死亡的内部结构行为。毫无疑问，这也是圣保罗的名言——我们时时刻刻都在死亡——的一种意义。在这个意义上，死亡是社会存在本身的一种内部结构。古代世界认为，其社会秩序必须有祭祀来加以巩固，这完全正确。

第八章　死亡、邪恶和非存在

只是它往往认为：如此的祭祀是建立在献祭和宰牲上，而不是互相舍己为人的结构上。一旦社会制度做出如此安排，这种舍己为人变得互惠、全面，那么牺牲所具有的令人讨厌的意义——有些人为了他人不得不舍弃自己的幸福——就不那么必然了。

对死亡心怀顾忌的社会也很可能被外人烦扰。死亡和外人都画出了我们自己生命的界限，以令人不快的方式把生命看成相对的东西。但在某种意义上，所有他者都是外来人。我的身份处于别人的保管之中，我的身份——因为别人透过他们自己利益和欲望的厚网来看我——永远不会得到完全妥善的保管。我从他人中回收到的自我总是相当陈旧。它受到他们自己欲望的猛烈抨击——这并不是说他们对我的欲望。我只能通过不属于我个人财产的那种语言了解我是谁或我的感情是什么。我的自我的监护者正是他人。"我从他人那里借来了我自己"哲学家梅洛-庞蒂如是说。[1] 正是只有通过我和他人共享的言语，我才能具有意义。

既然那些确定意义的人也不能掌握意义，这个意义不是我能完全掌握的。这是因为这不仅仅是他们对我的评价而

---

[1] 莫里斯·梅洛-庞蒂，《符号》，芝加哥，1964年，第159页。

已。果真如此，为什么不去问一下他们？这是我的生存构成他们生活的重要部分的方式的问题，我和他们都没有完全意识到这种方式。追踪我最无足轻重的行动或我在这个世界的存在的连锁反应，我就需要布置一大批研究者。这不仅仅是现代看法，也是伟大的佛学家龙树的部分教诲。对他来说，自我没有实质，因为自我和无数他者的生命紧密结合，是他者的选择和行为的产物。它不可能被抬高到脱离这个意义之网。此外，我们的生命在死后要承担部分意义：未来始终将重新书写我们，也许是从当时的悲剧中采撷出喜剧，或者从当时的喜剧中采撷出悲剧，这是你经历生活时，肯定无法了解生命意义的另一层含义。你到底是什么这个问题并不会随着你的死亡而终结。

死亡向我们显示了我们生命的终极的不可掌控性，因而也显示了试图控制他人生命的些许虚假。如果我连自己都控制不了，就很难要求别人随时听命。只有不虐待自己——认为你对自己没有最终的统治权，认为你对自己并不熟悉——与自己相处才能成为你与人相处的范例。有些人不希望别人以对己之道对待他们，这就意味着放弃了以意志来对付死亡的意识形态。

基要主义者做不到的正是这一点。他无法接受偶发性。

第八章　死亡、邪恶和非存在

他的生命预料到了死亡，但是以全然错误的方式。死亡的现实不但没有松弛人对生命神经质般的控制，反而把对生命的控制绷紧到了兴奋和紧张的极端。基要主义者试图采用把绝对原则投射到生命上，使得生命本身不朽不灭，以此狡诈的策略来智胜死神。但基要主义者爱恋的到底是生命还是死亡？我们必须找到一种方法能和非存在共处而不爱上非存在，因为爱上非存在就是死亡欲望的奸诈之举。正是死亡的欲望，哄骗我们毁灭自己，以便取得虚无的绝对安全。非存在是绝对的纯粹。它具有所有否定的无暇清白，如同一张白纸的完美。

于是，对基要主义来说，又存在一个明显的悖论，基要主义一方面恐惧非存在，恐惧物质世界到处蔓延的无根据性，想用第一原则、固定的意义和不证自明的真理来封填这个摇摇欲坠建筑的裂缝。世界的偶然性，它那临时拼凑的外观，用让人无法承受的方式提醒基要主义这样一个事实：它并不容易生存。因为没能注意到虚无主义正是它自己绝对主义的翻版，所以基要主义害怕虚无主义。虚无主义几乎始终是个不再抱幻想的绝对主义者，是个形而上父亲的带有恋母情结的反叛孩子。就像他的父亲，虚无主义者认为：如果价值不是绝对的，那么就不存在任何价值。要是父亲错了，其他任何人也都错了。

然而虚无主义和基要主义之间还存在着更深的渊源。如果基要主义痛恨非存在，它也受到非存在前景的诱惑，因为非存在最不会受到错误诠释。非存在是不稳定性和含混性的大敌。你无法就其内容展开争辩，因为它压根儿没内容。它和道德法则一样的绝对和无误，和零一样表达明确。基要主义者是苦行僧，他想要清除这个世界过剩的物质。这样做，他就能净化世界那令人厌恶的武断，就能将物质的需求下降到绝对必须的程度。苦行僧对物质的丰饶心生厌恶，因而他也成了虚无的牺牲品。对他而言，四周存在的东西太多——从伊斯兰原教旨主义的观点来看——在西方尤其如此。

苦行僧在其周围发现的只是令人可憎的物质的过剩，在消费主义的放纵中狼吞虎咽（美国的基要主义者多少不为这种物质过剩所烦恼，他们相当喜欢吃其中某些东西），就像某种可怕的细胞外质，这种臃肿物渗透至每个空间的边缘，填进了每个缝隙。它的无限性可怕而又拙劣地模仿了不朽，它的精力只能用来掩饰它的致命性。死亡使我们沦为完全没有意义的东西，沦为商品可以显示的一种状态。尽管商品中存在着俗艳的色情，商品依然是对死亡的讽喻。

如果这一不断增生的外质是偶然发生的——如果一开

第八章　死亡、邪恶和非存在

始就没有它生存的理由，——那么，看来没有任何事物能阻挡你在它那里炸开一个大洞。这就是英国文学中第一个自杀炸弹者，约瑟夫·康拉德小说《特务》(*The Secret Agent*)中那疯狂的无政府主义者教授的计划。教授极力想摧毁的乃是无意义物质的淫猥。也许，物质第一次灾难性的显露就是人类在伊甸园的堕落。也许人的堕落和人的创造不期而遇，因此用暴力消除存在的东西才能拯救我们。康拉德笔下的教授是位毁灭天使，他热爱毁灭本身。他的毁灭因此也就是创世的反映。这本身同样是目的。

死亡冲动不是有目的的叙事，而是要毁灭一切的叙事。它要毁灭一切是出于毁灭那淫猥的乐趣，彻头彻尾的恐怖分子有几分达达主义者（Dadaist）的味道，他打击的不是这点或那点意义，而是意义本身。恐怖分子认为，社会不能消化的正是无意义——那些毫无动机、以至于无法用言语来明确表达意义的——事件。或者说这些事件的行为，其意义只能从我们所做的每件事那不可思议的转变的另一面才得以理解——转变是如此绝对，以致它成了死亡本身的形象。

在纳粹主义的叙事中，可以看到这种对非存在既爱又恨。一方面，纳粹分子在毁灭和消亡的狂热的掌控下，爱上了死亡和非存在。他们毁灭犹太人，只是为了好玩，并不带有非常重要的军事或政治目的；另一方面，他们屠杀犹太人，因为后者看上去代表着一种他们害怕和痛恨的令人可怕的非存在。他们害怕它，是因为它表示着他们内心那令人恐怖的非存在。如果说纳粹主义充斥着虚浮的理想主义的辞令和荒唐的夸张，它同时还空洞无物，令人作呕。

因此，它也就呈现出可以称为邪恶的两张脸。白宫流行使用"邪恶"这个字，作为阻止分析的一种方法，不应妨碍我们对此加以认真思考。自由派人士（liberals）往往低估邪恶，而保守人士往往对邪恶言过其实。另一方面，一些后现代主义者主要是从恐怖电影中得知邪恶的。自由派的理性主义者和多愁善感的人文主义者试图低估邪恶的现实，保守人士对此进行反击是完全正确的。保守人士直截了当地指出邪恶那恐怖、令人作呕、使人致伤的本质，它那无法消解的恶意、虚无主义的嘲笑，既不受哄、又不听劝的愤世嫉俗。而自由派人士声称这里不存在什么超验的东西，是完全正确的。没什么可以比邪恶更平凡、更世俗了，这倒并不是说更司空见惯。哪怕是用温和手段剥夺了父母之爱，也足以使我们变成恶魔。

有一种邪恶颇为神秘，因为其动机似乎并不是因为某些特定的原因而去消灭特定的生命，而是否定生命本身。莎士

第八章 死亡、邪恶和非存在

比亚的伊阿古（Iago）似乎属于这一罕见的类型。汉娜·阿伦特猜测：大屠杀与其说是因为人类的原因，还不如说是试图毁灭人类这个概念本身。[①] 这种邪恶是撒旦对神的拙劣模仿，是在毁灭行为中找到上帝在创世行动中得到过的那种极度快乐的释放。它是作为虚无主义的邪恶——对整本正经闹剧的假设所发出的嘲笑：只要是人类的事都重要。这种邪恶采用粗俗的、心照不宣的方式，以揭露人类价值不过是做作的虚伪为乐。它是对生存本身表示的暴怒和报复。它是纳粹死亡集中营的邪恶，而不是雇凶杀人、甚或也不是为某种政治目的而进行的大屠杀的邪恶。这种邪恶和大部分的恐怖主义不同，后者也伤人性命，但有目的。

邪恶的另一面目却截然相反。这种邪恶想要摧毁非存在，而不是创造非存在。它认为非存在污秽、杂乱、阴险，是对自我完整性的无名威胁。这种对人身份的可怕渗透本身没有明显的形式，因而在其想象的受害者中引起多疑。它无处不在又无影无踪。因此，它产生了一种欲望：给这种可怕的力量一个地名和居所。事实上这名字数不胜数：犹太人、阿拉伯人、共产党人、女性、同性恋者，或者就是这种集合中

---

① 见理查德·J.伯恩斯坦，《与生俱来的恶》（*Radical Evil*），剑桥，2000 年，第 215 页。

的种种排列。从那些存在过剩而不是不足的人的观点来看，这就是邪恶。他们无法接受下面这个说不出口的事实：他们所宣战的那污秽、传染性的东西，非但不陌生，却像呼吸一样和他们密不可分。非存在正是构建成我们的材料。首先，他们不能承认欲望，因为有欲望就意味着缺失。他们非但不恪守自己的欲望，反而用物神来填补欲望。这样做也就否认了万物最纯正的空虚——死亡，即我们渴望的内心所预示的空洞。

这也许有助于解释为什么有这么多的人在大屠杀中罹难。绝对毁灭的观念中存在着一种魔力。引诱虚无心灵的是规划的反常完美，毫无瑕疵，没有纠缠不清的悬念或者偶然的残余。不管怎么说，让这种存在最小的碎片完好无损就是允许它大量繁衍并再次窒息你。难题是：非存在，根据其定义，是无法摧毁的。整个艰巨的计划愚蠢荒谬而弄巧成拙，因为你试图在身边创造出更多的非存在来消灭非存在。

陷于这个使人感不到有一丝希望的循环中，整个计划无法结束，这也是为什么它要吞噬那么多生命的另一个原因。另一个更进一步的原因则是，毁灭的冲动确实是自恋自爱的——很像敛财聚宝的强烈欲望，结果聚敛本身就成了这种欲望的目标。它就像个闷闷不乐的小孩，将他无意中发现

第八章　死亡、邪恶和非存在

的东西扔到了一旁，只从自己不停的运动中获取满足。不管怎么样，只要活着，你就永远无法消灭你内心深处的这种非存在。

害怕自己生存丰富的那种邪恶，与妄自尊大和自视过高有关。认为自己价值太高，不能去死的人那极其痛苦的生活经历就是地狱。而从自我放荡中所获取的淫秽之乐的那种邪恶，尽管受到弗洛伊德所称死亡冲动的刺激，却在寻求抹去价值本身。在现代性的时代，这两种冲动致命地交织在了一起。因为狂热武断的意志，即所有价值终极来源的核心问题就是狂热武断的意志要将周围的事物碾成粉末，使它们毫无价值，损耗殆尽。现代的特点之一正是这种唯意志论和虚无主义的致命结合。D. H. 劳伦斯的小说《恋爱中的妇女》中的杰拉尔德·克莱奇（Gerald Crich）就是这种结合的鲜明形象。他完全是靠着意志力的内在力量才控制住了栩栩如生外表下的空虚。对自我的肯定成为对抗其甜美诱惑空虚的防御物。邪恶就是这种辩证被挤压到可怕极端的表现。

简而言之，典型的现代困境就是：表达或压制死亡冲动使你耗尽了生命。确实，贪婪的意志只不过是死亡冲动的外部表象，是径直逃往死亡诱人怀抱以欺骗死亡的一种方法。现代性的主体在自己创建的空虚感中，维护自己普罗米修斯般的意志。这种空虚感将意志本身的行动化为乌有。在征服周边的世界时，意志废除了对它自己行为的所有约束，但在同样的行动中，也破坏了自己英雄般的规划。当一切都得到了允许时，没有什么还会有价值。神圣的自我在其孤独中才最为痛苦。现代主义同样也消除约束，但它也通过消融意志，打破了虚无主义和唯意志论那致命的巡回。随着自由逐渐脱离了有支配欲望的意志，并在欲望的影响下重新确定它的位置，自主的自我也被分解。

邪恶的两种面貌在暗地里是同一个。它们共有的是对不洁的恐惧。只不过这种恐惧有时呈现为不堪言说的黏湿污物，来侵害你生命的丰富性，有时则呈现为生命本身使人厌恶的多余。对那些感到生命本身正在令人作呕地大量产卵的人而言，纯洁寓居于非存在。用维特根斯坦的话来说，他们的欲望，就是从粗糙的地面攀爬到光滑的冰面。

当然，基要主义者并不一定邪恶。但是他追求他那无懈可击的原则，是因为他感到非存在的深渊在他脚下裂开了大口。正是这生命不能承受之轻，使他感到沉重。当前，最可为大众接受的是由某种形式的实用主义来取代基要主义。确实，美国在两者中间分成了两大派。但实用主义与基要主义进行较量，在某种程度上，就像提议用氧气灭火一样。实用

第八章　死亡、邪恶和非存在

主义也许会有效地反击基要主义的偏执盲从，但它也帮助基要主义繁衍滋长。正是因为实用的社会秩序摒弃了根本的价值观，恣意践踏人民的信任与传统的忠诚，人们才开始如此不顾性命地维护自己的特性。家庭价值和卖淫是同一枚硬币的两面而已。对于每个在世界寻求新角落，以用于开发剥削的公司经理而言，要想杀死他或抵抗他入侵的民族主义暴徒始终存在着。

不管怎么说，崇拜市场无政府状态的国家，需要有一些秘而不宣的绝对价值，以便后来运用。无法驾驭的市场创造的破坏和混乱越大，就越需要不自由的国家来管制市场。随着自由要以更残暴的独裁手段来捍卫，你实际的行为和你声称的信仰之间的沟壑就越来越明显，结果使你束手无策。对于只想要残暴和愚昧的国家，而不想用日趋愚昧的手段来捍卫开明价值（enlightened value）的那种伊斯兰原教旨主义而言，这不是个问题。

当你的文明基础真正遭受严厉批判之时，理论意义上的实用主义，似乎就完全是个微不足道、懒散的反应。相反，必须要做的是以好的非存在观来对抗坏的非存在观。我们已经看到：有一种对非存在的迷恋，还有一种对非存在的否定。这两者都是某些邪恶的典型。但是非存在还有另一种意义，它具有建设性，而不是破坏性。想想爱尔兰小说家劳伦斯·斯特恩的话："世上还有更坏的事情。"人们就会回想起他为无（nothing）这一的观念所说的好话。消解方式有多产的，也有邪恶的。这从马克思称无产阶级为"消灭所有阶级的一个阶级"中可一窥究竟，尽管这会导致"人性的完全丧失"。无产阶级代表了受现行制度排斥、与现行制度并非休戚相关，作为可供选择未来的空洞符号的那些人的非存在感。而那些人的数量正在不断地增长。

无可否认，正是在那些受苦受难、一无所有的人中间，基要主义找到了它滋长的肥沃土壤。在人体炸弹身上，一无所有的非存在感变成了一种更为致命的否定。自杀性爆炸者并没有从绝望转向希望；他的武器就是绝望本身。古代有一种悲剧信念：力量来自于悲惨绝望的深渊。那些沦落到了社会制度底层的人，在某种意义上就不受制度的约束，因此也就可以随心所欲地建立新的制度。如果你不能再下跌，那就只能上升，从失败的绝处中得以新生。一无所有是令人敬畏的力量，然而，显而易见的是：这一悲剧性的自由，可以呈现像恐怖主义这样的破坏形式，也能导致更加正面的社会改革思潮。

我们现今的政治秩序建立在人类剥夺的非存在之上。

第八章　死亡、邪恶和非存在

我们必须以同样建立在非存在之上的政治秩序来取代它，但非存在是作为人类软弱和虚幻的一种意识。只有这种意识才能遏制基要主义为之采取绝望和病态反应的傲慢。悲剧提醒我们，在面对非存在过程的同时又不毁灭我们自己是多么的艰难。人目睹那种恐怖又如何活下去？同时，悲剧还提醒我们：一种缺乏勇气直面这种创伤的生活方式，最终会缺乏生存的力量。这种生活方式只有经历过失败，才能根深叶茂。正是我们内心的非存在，扰乱着我们的梦想，破坏着我们的计划。但它也正是我们为更光明的未来所付的代价。它是我们坚守人性无限开放这个信念的方式，因而也是希望之源。

我们永远不能在"理论之后"，也就是说没有理论，就没有反省的人生。随着形势的改观，我们只会用尽特定类型的思维方式。随着新式的全球资本主义叙事的亮相，以及所谓的反恐战争，众所周知的后现代主义思维方式很有可能正在走向终点。不管怎么说，正是后现代主义的理论使我们确信：宏大叙事已经成为了历史。也许，我们在回顾往事之际，能看到这种理论是它本身热中的小型叙事。然而，它以一种新的质疑（challenge）提出了文化理论。如果它注定要和雄心勃勃的全球历史紧密结合，它一定有着自己可以回应的资源，其深度和广度与自己所面临的局势相当。它不可能只是简单地不断重复叙述老生常谈的阶级、种族和性别,尽管这些话题不可或缺。它需要冒冒风险,从使人感到窒息的正统观念中脱身,探索新的话题,特别是那些它一直不愿触碰的话题。本书就是在这方面探索的开端。

索引

本索引所标页码为英文版页码，参见中文版边码

Adorno, Theodor, 特奥多尔·阿多诺, 30, 70, 77

Althusser, Louis, 路易·阿尔都塞, 1, 2, 34, 37

Anderson, Perry, 佩里·安德森, 16, 51

Aquinas, Thomas, 托马斯·阿奎那, 78, 108

Archer, Jeffrey, 杰弗里·阿彻, 3, 101

Arendt, Hannah, 汉娜·阿伦特, 216

Aristotle, 亚里士多德, 6, 78, 116, 117, 119, 121—125, 127—131, 135, 142, 168, 170

Arnold, Matthew, 马修·阿诺德, 82, 154

Augustine, St., 圣奥古斯丁, 189

Austin, Jane, 简·奥斯丁, 3, 96, 101

Badiou, Alain, 阿兰·巴迪乌, 155, 174

Barthes, Roland, 罗兰·巴特, 1, 2, 34, 37, 51, 65, 77

Baudrillard, Jean, 让·鲍德里亚, 50

Beckett, Samuel, 塞缪尔·贝克特, 57—58, 65

Benjamin, Walter, 瓦尔特·本雅明, 30, 180

Bentham, Jeremy, 杰里米·边沁, 163

Berkeley, George, 乔治·贝克莱, 208

Best, George, 乔治·贝斯特, 113—

115

Blake, William, 威廉·布莱克, 14

Bloch, Ernst, 恩斯特·布洛赫, 30

Bourdieu, Pierre, 皮埃尔·布尔迪厄, 1, 35

Brecht, Bertolt, 贝尔托·布莱希特, 17, 46, 65, 87, 131

Burke, Edmund, 埃德蒙·柏克, 151

Bush, George, 乔治·布什, 160

Byron, 拜伦, 89

Carlyle, Thomas, 托马斯·卡莱尔, 82

Celan, Paul, 保罗·策兰, 78

Cixous, Helene, 埃莱娜·西苏, 1

Coleridge, Samuel Taylor, 塞缪尔·泰勒·柯勒律治, 75

Condorcet, Marquis, 马奎斯·孔多塞, 1

Connolly, James, 詹姆斯·康诺利, 32

Conrad, Joseph, 约瑟夫·康拉德, 215

Darwin, Charles, 查尔斯·达尔文, 81

Davidson, Donald, 唐纳德·戴维森, 65

Dawkins, Richard, 理查德·道金斯, 177

Derrida, Jacques, 雅克·德里达, 1, 2, 14, 35, 51, 65, 70, 75, 92, 153—154, 174

Dostoevsky, 陀思妥耶夫斯基, 194

Eliot, George, 乔治·艾略特, 78, 133

Eliot, T.S., T.S.艾略特, 65, 75, 179

Fanon, 法农, 25, 32

Fielding, Henry, 亨利·菲尔丁, 113, 117

Fish, Stanley, 斯坦利·费希, 54, 58

Foot, Philippa, 菲莉帕·富特, 124—125

Foucault, Michel, 米歇尔·福柯, 1, 14, 35, 36, 37, 50, 65, 77, 81—82, 86

Freud, Sigmund, 西格蒙德·弗洛伊德, 5, 63, 78, 86, 87, 138,

169, 208, 210

Gandhi, Mahatma, 圣雄甘地, 32
Goldman, Lucien, 吕西安·戈德曼, 30
Gonne, Maud, 毛德·冈, 44
Gramsci, Antonio, 安东尼奥·葛兰西, 31, 46
Gramsci, Walter, 瓦尔特·葛兰西, 30

Habermas, Jurgen, 于尔根·哈贝马斯, 1, 81—82, 169
Hall, Stuart, 斯图尔特·霍尔, 40
Hardt, Michael, 迈克尔·哈特, 136
Hegel, 黑格尔, 59, 123, 209
Heidegger, Martin, 马丁·海德格尔, 4, 65, 70, 210
Herrick, Robert, 罗伯特·赫里克, 3
Hitler, Adolf, 阿道夫·希特勒, 142
Horkheimer, Max, 马克斯·霍克海默, 30
Hume, David, 大卫·休谟, 208
Huxley, 赫胥黎, 81

Irigaray, Luce, 露西·伊利格瑞, 1

Jagger, Mick, 米克·贾格尔, 125
James, Henry, 亨利·詹姆斯, 143, 144
James, Fredric, 弗雷德里克·詹姆逊, 1, 30, 77, 143
Jesus, 耶稣, 146, 147, 176, 204—205, 207
Johnson, Lyndon, 林登·约翰逊, 27
Johnson, Samuel, 塞缪尔·约翰逊, 75
Joyce, James, 詹姆斯·乔伊斯, 64, 78

Kafka, 卡夫卡, 64
Kant, Immanuel, 伊曼纽尔·康德, 124, 153
Kissenger, Henry, 亨利·基辛格, 200
Kristeva, Julia, 朱丽娅·克莉斯特娃, 1, 34, 36, 37, 65, 81

Lacan, Jacques, 雅克·拉康, 1, 51
Larkin, Philip, 菲利浦·拉金, 96

Lawrence, D. H., D. H. 劳伦斯, 70—71, 95, 218

Leavis, F.R., F.R. 利维斯, 154

Lefebvre, Henri, 昂利·勒菲弗尔, 35

Lenin, Vladimir, 弗拉基米尔·列宁, 8, 32

Levi-Strauss, Claude, 克劳德·列维-施特劳斯, 1, 34

Levinas, Emmanuel, 埃马纽埃尔·列维纳斯, 4, 153

Lewis, Cecil Day, 塞西尔-戴·路易斯, 86

Locke, John, 约翰·洛克, 163

Lukacs, Georg, 乔治·卢卡奇, 30

Lyotard, Jean-François, 让-弗朗索瓦·利奥塔尔, 34, 37

MacIntyre, Alasdair, 阿拉斯代尔·麦金太尔, 155, 157

Man, Paul de, 保罗·德曼, 153

Mann, Thomas, 托马斯·曼, 64, 90

Mao Tse-tung, 毛泽东, 46

Marcuse, Herbert, 赫伯特·马尔库塞, 25, 30, 31—2

Markievicz, Constance, 康斯坦丝·马尔凯维茨, 44

Marx, Karl, 卡尔·马克思, 6, 31, 42, 123, 143, 144, 158, 170, 171, 172

Maxwell, Robert, 罗伯特·麦克斯韦, 89—90

Merleau-Ponty, 莫里斯·梅洛-庞蒂, 32, 212

Miller, J.Hillis, J. 希利斯·米勒, 153

Morris, William, 威廉·莫里斯, 44

Musil, Robert, 罗伯特·穆齐尔, 158

Negri, Antonio, 安东尼奥·内格里, 136

Nietzsche, Friedrich, 弗里德里希·尼采, 4, 14, 58, 63, 155, 187, 197, 198

Nightingale, Florence, 弗洛伦丝·南丁格尔, 89

O'Grady, Paul, 保罗·奥格雷迪, 104

O'Neil, John, 约翰·奥尼尔, 120—121

Orwell, George, 乔治·奥威尔, 75

Paisley, Ian, 伊恩·佩斯利, 177

Pascal, Blaise, 布莱兹·帕斯卡, 194, 209

Paul, St., 圣保罗, 145, 147, 175

Picasso, 毕加索, 17

Pitt, Brad, 布拉德·皮特, 54

Plato, 柏拉图, 23

Proust, 普鲁斯特, 64, 65

Reagan, Ronald, 罗纳德·里根, 43

Reich, Wilhelm, 威廉·赖希, 25, 30, 31

Rimbaud, Arthur, 阿尔蒂尔·兰波, 17, 40

Rorty, Richard, 理查德·罗蒂, 54, 58, 72, 151

Rousseau, 卢梭, 81

Ruskin, 罗斯金, 32

Said, Edward, 爱德华·萨义德, 1, 10

Sartre, Jean-Paul, 让-保尔·萨特, 30, 36, 81

Saussure, Ferdinand de, 弗迪南·德·索绪尔, 2

Schleiermacher, Friedrich, 弗里德里希·施莱尔马赫, 23

Schoenberg, 勋伯格, 65

Schopenhauer, 叔本华, 178, 209—210

Sebald, W.G., W.G. 谢巴德, 188

Shakespeare, William, 威廉·莎士比亚, 137, 181—184

Sontag, Susan, 苏珊·桑塔格, 81—82

Spinoza, 斯宾诺莎, 194

Stalin, Joseph, 约瑟夫·斯大林, 37

Sterne, Laurence, 劳伦斯·斯特恩, 220

Max, Stirner, 麦克斯·施蒂纳, 210

Streisand, Barbra, 芭芭拉·史翠珊, 54

Taylor, A.J.P., A.J.P. 泰勒, 201

Thatcher, Margaret, 玛格丽特·撒切尔, 43

Thomas, Edward, 爱德华·托马斯, 209

Tolstoy, 托尔斯泰, 32

Voltaire, 伏尔泰, 81

Waugh, Evelyn, 伊夫林·沃, 91

Wilde, Oscar, 奥斯卡·王尔德, 14, 40, 44

Williams, Bernard, 伯纳德·威廉斯, 104, 109

Williams, Raymond, 雷蒙·威廉斯, 1, 35, 81—82, 136

Wittgenstein, Ludwig, 路德维希·维特根斯坦, 130, 133, 190, 191—192, 206, 209

Yahweh, 耶和华, 174—175, 177

Yeats, W.B., 威廉·勃特勒·叶芝, 44, 163, 181

Young, Robert J. C., 罗伯特·J. C. 扬, 32

译后记

伊格尔顿在本书开宗明义地写道："文化理论的黄金时代早已消失。"他论述了文化理论从60年代兴起到90年代的式微，追索文化理论得以诞生的政治和文化因素，分析检验了诸如巴特、福柯、拉康、克里斯蒂娃等开创性的理论家如何从边缘引出性别、权力、性欲以及族群等主题、冷静地评判了文化理论的得与失。伊格尔顿的结论是：尽管文化理论有着许多重要的贡献和成就，文化理论的重要性受到了后现代主义者的高估。当前我们这个世界所面临的许多问题是文化理论的视线所未能触及或者说忽视的。"我们面临的主要问题——战争、饥饿、贫穷、疾病、债务、毒品、环境污染、人群的流动——并不特别是文化问题"（伊格尔顿《文化的理念》2000），而要解决这些问题，必须探究客观性、道德、真理、德性、邪恶、宗教等等。

在翻译《理论之后》时，碰到了许多难题，有语言方面的，也有文化、历史方面的。在美国的张尽晖博士和其同事 William Rowe 博士在理解原文方面给了我很大的帮助。William 是英国人，对本民族的文化、历史非常熟悉，我至今还保留着我们之间的电子邮件，在此向他们表示诚挚的感谢。商务印书馆编辑部对本文的定稿也尽力不少，在此一并致谢。

商　正

2009 年 7 月

浙江工商大学外国语学院

图书在版编目（CIP）数据

理论之后 /（英）特里·伊格尔顿著；商正译. —北京：商务印书馆，2021（2023.7 重印）
ISBN 978-7-100-19637-6

Ⅰ.①理… Ⅱ.①特… ②商… Ⅲ.①社会科学—理论研究 Ⅳ.① C0

中国版本图书馆 CIP 数据核字（2021）第 037972 号

权利保留，侵权必究。

理论之后

〔英〕特里·伊格尔顿 著
商 正 译
欣 展 校

商 务 印 书 馆 出 版
（北京王府井大街36号 邮政编码100710）
商 务 印 书 馆 发 行
北京艺辉伊航图文有限公司印刷
ISBN 978-7-100-19637-6

| 2021年8月第1版 | 开本 889×1194 1/32 |
| 2023年7月北京第3次印刷 | 印张 9¼ |

定价：49.00 元